Weihnachten bei Goethe

Werner Völker

Weihnachten bei Goethe

Deutsche Verlags-Anstalt Stuttgart

Die Deutsche Bibliothek – CIP-Einheitsaufnahme

VÖLKER, WERNER:
Weihnachten bei Goethe / Werner Völker. –
Stuttgart : Deutsche Verlags-Anstalt, 1999
    ISBN 3-421-05295-6

© 1999 Deutsche Verlags-Anstalt GmbH, Stuttgart
Alle Rechte vorbehalten
Typographische Gestaltung: Brigitte Müller
Satz: Bembo und Snell Roundhand (QuarkXPress) im Verlag
Druck und Bindearbeit: Friedrich Pustet, Regensburg
Diese Ausgabe wurde auf chlor- und säurefrei gebleichtem,
alterungsbeständigem Papier gedruckt.
Printed in Germany
    ISBN 3-421-05295-6

INHALT

PROLOG

Bäume leuchtend, Bäume blendend,
Überall das Süße spendend,
In dem Glanze sich bewegend,
Alt – und junges Herz erregend –
Solch ein Fest ist uns bescheret,
Mancher Gaben Schmuck verehret;
Staunend schaun wir auf und nieder,
Hin und her und immer wieder.

Aber, Fürst, wenn Dir's begegnet
Und ein Abend so Dich segnet
Daß als Lichter, daß als Flammen
Vor Dir glänzten allzusammen
Alles was Du ausgerichtet,
Alle die sich Dir verpflichtet:
Mit erhöhten Geistesblicken
Fühltest herrliches Entzücken.

(Goethe an den Großherzog Carl August, Weihnachten 1822)

»SOLCH EIN FEST IST UNS BESCHERET...«

*W*eihnachten bei Goethe! Wie verbrachte er die Weihnachtsfeste, den Heiligen Abend; welche Erinnerungen hat er an die Frankfurter Jahre, an Leipzig, an Wetzlar, an Rom?

Welche Spuren finden sich in seinem Werk – welche Bedeutung hat das christliche Fest für ihn, der zeitlebens nach einer ihm gemäßen Religion suchte?

Was berichten Zeitgenossen, die ihn um diese Zeit sehen, etwa Wilhelm von Humboldt oder Johanna Schopenhauer?

Bei letzterer ist er jahrelang gern zu Gast, in ihrem Salon, den sie mit dem Ziel gegründet hatte, »wenigstens einmal in der Woche die ersten Köpfe in Weimar, und vielleicht in Deutschland, um meinen Teetisch zu versammeln und im Ganzen ein sehr angenehmes Leben zu führen«.

Goethe verbringt auch mal ein Weihnachtsfest bei ihr, und die Schopenhauer schreibt begeistert: »Goethe ist ein unbeschreibliches Wesen, das Höchste wie das Kleinste begreift er...«, und sie schildert seinen Umgang mit den Kindern, die ihn lieben, und ihr geselliges Beisammensein, mit Bastelarbeiten bis hin zu Gespenstergeschichten an Weihnachten, die Goethe lebhaft erzählt, und die der jungen Caroline Bardua Angst machen.

Weihnachten in Weimar – was wurde gegessen und getrunken, wie waren die Räume geschmückt, wie wurde gefeiert? Humboldt, der ihn zu Weihnachten 1826 besucht, notiert überrascht zu Goethes Eßgewohnheiten: »... und am Weihnachtsfeiertag sah ich ihn des Morgens eine solche Portion

Napfkuchen zu dem Wein verzehren, daß es mich wirklich wunderte.«

Weihnachten in Goethes Werk. Etwa im »Werther«.

Lotte hatte ihm gesagt, er möge nicht eher wiederkommen als Weihnachtsabend; sie brauchte Ruhe, mußte nachdenken, fühlte sich gedrängt und beschämt durch sein Werben. »Werther« – ein ungeheures Buch, eine gewaltige Wirkung; es wird verboten, Geistliche ereifern sich, aber unaufhaltsam wird es ein Stück Weltliteratur.

Die Weihnachtsszene gehört zu den bewegendsten des Buches: Am Sonntag vor Weihnachten kommt Werther zu Lotte, findet sie allein, sie ist mit den Geschenken für die Kinder beschäftigt. Weihnachten selbst wird Werther nicht mehr erleben; er beendet sein Leben, Heiligabend wird er zu Grabe getragen – »Kein Geistlicher hat ihn begleitet.«

Dann »Wilhelm Meister« und sein Weihnachten. Ein direkter Bezug zu Goethes frühen Weihnachtserlebnissen läßt sich ausmachen. Der Vater überrascht die Mutter, die gerade dabei ist, »einen heiligen Christ für deine Kinder« vorzubereiten. Ein Puppenspiel sollen die Kinder bekommen – »… ich habe ihnen Puppen geputzt«, sagt die Großmutter, »und habe ihnen eine Komödie zurecht gemacht«, und den Sohn anblickend fügt sie hinzu: »Kinder müssen Komödien haben und Puppen.«

Die bekommt auch Goethes Sohn August; der Vater, von Arbeit und Krankheit zurückgehalten, läßt ihm zu Weihnachten (1800) ein Puppentheater bringen, das er zusammen mit dem Jenaer Straßenbaukondukteur Götze, seinem ehemaligen Diener, hergestellt und liebevoll bemalt hat.

Zu den Szenerien gehören ein ägyptischer Tempel, Bogengewölbe, auch ein Kerker und eine Straße mit Häusern im italienischen Stil – man kann sich den kleinen August Goethe beim Spiel vorstellen, das er bei Bedarf mit Figuren ergänzte, die ihm Großmutter Aja aus Frankfurt geschickt hatte. Leider kommt Goethe zu diesem Weihnachtsfest erst sehr spät, was seiner Frau Christiane, die alle Vorbereitungen getroffen hatte, ganz und gar nicht gefiel.

Das Theater immerhin war da, ein voller Erfolg! Später spielten Goethes Enkel damit, – Walther, Wolfgang und Alma, die der Dichter abgöttisch liebte und die sich, selbst in seinem Arbeitszimmer, eine Menge erlauben durften.

Goethe liebt es, sie zu beschenken und freut sich über ihre Freude – charakteristisch ist sein weihnachtlicher Tagebucheintrag (1829) – »Sie kamen, um zu danken, sehr fröhlich.«

Den Abschluß bildet ein Weihnachtsfest bei Ottilie von Goethe im Jahre 1838; Mann und Schwiegervater sind tot, dem Haus am Frauenplan, ja ganz Weimar fehlt der zentrale Mittelpunkt. Der Bildhauer Franz Woltreck schildert seinen Weihnachtsbesuch bei Ottilie von Goethe, der Gralshüterin des Goethe-Nachlasses – drei enorm große »Zuckerbäume« waren aufgestellt; er beschreibt die Stimmung, die reichhaltigen Geschenke:

Engländer, Russen und Deutsche sind da; jeder erhält ein Präsent – und Woltreck denkt für sich:

»... wie schön, o großer guter Geist Goethe, der du so lieblich für alle dachtest.«

Er beobachtet durch einen Weihnachtsbaum den kolossalen Junokopf, setzt sich zu Eckermann, und Goethes Enkel bedienen die Gäste »mit einer Liebenswürdigkeit, die man wohl nicht genug rühmen kann«.

Er hat von Ottilie von Goethe »Eckermanns Gespräche« geschenkt bekommen, und das Weihnachtsfest im Haus am Frauenplan wird zu einem unvergeßlichen Erlebnis.

Das letzte übrigens, denn schon im nächsten Jahr wird das große Haus für fremde Besucher (vorerst) geschlossen. Auch wenn bei diesem letzten Weihnachtsfest die »Seele des Hauses« oder die »Sonne Weimars«, wie Mendelssohn Bartholdy den Dichter genannt hatte, nicht mehr unter ihnen weilte, war dennoch Goethes Geist anwesend, das genügte.

»KINDER MÜSSEN KOMÖDIEN HABEN UND PUPPEN«

Weihnachten
im wohlbehüteten Elternhaus

Frankfurt am Main 1749–1765

Bescherung bei der Großmutter – Eine neue Welt durch
ein Puppenspiel – Über Tische und Stühle, die »tollsten halsbrechenden Gefährlichkeiten« – »Da lebten wir Kinder
Lutheraner« – Die Kinder spielen »Katholische Kirche«

Goethes Geburtshaus
vor dem Umbau 1750

»Kinder müssen Komödien haben und Puppen«

*D*ie Mutter Johann Caspar Goethes, Goethes Großmutter, hatte schon 1733 das große Haus am Hirschgraben gekauft, eigentlich zwei Häuser, die aneinandergebaut
waren.

Viele Jahre später – Goethe war fünf Jahre alt – ließ Goethes
Vater die Häuser umbauen, ein für die damalige Zeit moder-
nes, großes Haus entstand.

Solange die Großmutter Cornelia (1688–1754) lebte, waren
die Kinder oft bei ihr, spielten am liebsten in ihrem geräumi-
gen Wohnzimmer, und die liebevolle Oma wußte die Kinder
Cornelia, Wolfgang und auch Hermann Jacob (1752–1759) zu
beschäftigen »und mit allerlei guten Bissen zu erquicken«.

Zu Weihnachten waren die Kinder auf die Bescherung bei
der Großmutter immer besonders gespannt.

Ein unvergeßliches Ereignis eines Heiligabends schildert
Goethe in »Dichtung und Wahrheit«; die Großmutter hatte sie
alle überrascht und die Freude der Kinder war unbeschreiblich.

Goethe erinnert sich in seiner Autobiographie:

»An einem Weihnachtsabende jedoch setzte sie allen ihren
Wohltaten die Krone auf, indem sie uns ein Puppenspiel vor-
stellen ließ, und so in dem alten Hause eine neue Welt erschuf.
Dieses unerwartete Schauspiel zog die jungen Gemüter mit
Gewalt an sich; besonders auf den Knaben machte es einen
sehr starken Eindruck, der in einer großen langdauernden
Wirkung nachklang.

Die kleine Bühne mit ihrem stummen Personal, die man uns

anfangs nur vorgezeigt hatte, nachher aber zu eigener Übung und dramatischer Belebung übergab, mußte uns Kindern um so viel werter sein, als es das letzte Vermächtnis unserer guten Großmutter war, die bald darauf durch zunehmende Krankheit unsern Augen erst entzogen, und dann für immer durch den Tod entrissen wurde. Ihr Abscheiden war für die Familie von desto größerer Bedeutung, als es eine völlige Veränderung in dem Zustande derselben nach sich zog.«

Später, als zu befürchten war, daß »bei einer Teilnahme Frankreichs der Kriegsschauplatz sich auch in unseren Gegenden auftun könne«, wurde das Puppenspiel der Großmutter gelegentlich wieder hervorgekramt. Man hielt die Kinder mehr zu Hause und suchte sie zu beschäftigen. Aber es war jetzt so eingerichtet, »daß die Zuschauer in meinem Giebelzimmer sitzen, die spielenden und dirigierenden Personen aber, so wie das Theater selbst vom Proszenium an, in einem Nebenzimmer Platz und Raum fanden.«

Johann Wolfgang machte sich anfangs einige Freunde, weil er sie zum Zuschauen einließ, jedoch beklagt er in der Rückerinnerung, »allein die Unruhe, die in den Kindern steckt, ließ sie nicht lange geduldige Zuschauer bleiben«.

Sie störten das Spiel, und Cornelia und Wolfgang mußten sich ein jüngeres Publikum suchen. Dann wurde auch noch mit Hilfe eines Bedienten eine Rüstkammer ausgestattet, und nachdem die Kinder den »Puppen über den Kopf gewachsen« waren, ging man zum Aufbau eines kleinen Heeres über und inszenierte Gefechte und Schlachten. Goethe spricht in »Dichtung und Wahrheit« von »Luftgestalten und Windbeuteleien«, die er später zu »kunstgemäßen Darstellungen« verarbeitete.

Damals aber, in Frankfurt, wurden die Spiele in der Nach-Weihnachtszeit rauher.

»Meine Kinder«, erzählt Mutter Aja, »machten mit ihren

Die Familie Goethe im Schäferkostüm

Schulkameraden auf Tischen und Stühlen die tollsten halsbrechenden Gefährlichkeiten; sie bauten Türme und spielten Festungsbelagerung und stürzten Hals über Kopf mit samt einem unterminierten Turm herunter; und ich kann Gott danken, wenn die Knochen ganz waren und wollte gern die wackeligen Glieder der Möbel wieder in Leim bringen.«

Dann hatten die Kinder mitbekommen, daß Weihnachten und andere Feste bei den Katholiken viel festlicher gefeiert wurden, farbenfroher, mit mehr Gesang und feierlichem Brimborium. Jeder wußte etwas darüber, jeder konnte etwas beitragen – sie spielten »Katholische Kirche«, ein Spiel, das Goethes Verse von 1813 plastisch beschreiben:

> *»Da lebten wir Kinder Lutheraner*
> *Von etwas Predigt und Gesang,*
> *Waren aber dem Kling und Klang*
> *Der Katholiken nur zugetaner:*
> *Denn alles war doch gar zu schön,*
> *Bunter und lustiger anzusehn. – –*
>
> *Zum Chorrock, der uns wohl gefiel,*
> *Gaben die Schwestern ihre Schürzen;*
> *Handtücher, mit Wirkwerk schön verziert,*
> *Wurden zur Stola travestiert;*
> *Die Mütze mußte den Bischof zieren,*
> *Von Goldpapier mit vielen Tieren.*
>
> *So zogen wir nun im Ornat*
> *Durch Haus und Garten, früh und spat,*
> *Und wiederholten ohne Schonen*
> *Die sämtlichen heiligen Funktionen;*
> *Doch fehlte noch das beste Stück.*
> *Wir wußten wohl, ein prächtig Läuten*
> *Habe hier am meisten zu bedeuten;*
> *Und nun begünstigt uns das Glück:*

Denn auf dem Boden hing ein Strick.
Wir sind entzückt, und wie wir diesen
Zum Glockenstrang sogleich erkiesen,
Ruht er nicht einen Augenblick:

Denn wechselnd eilten wir Geschwister,
Einer ward um den andern Küster,
Ein jedes drängte sich hinzu.
Das ging nun allerliebst vonstatten,
Und weil wir keine Glocken hatten,
So sangen wir Bum Baum dazu.«

Doch nur zu bald war die frohe Zeit vorbei, und Vater Goethe
nahm die Erziehung und Ausbildung der Kinder wieder in die
Hand. Sprachunterricht, ungeliebte Mathematik, Geschichte,
Religion, dazu Auswendiglernen und Hausmusik – ein volles
Programm, das der Vater sich ausgetüftelt hatte; Cornelia und
Wolfgang waren beschäftigt.

Ein Weihnachtsbäumchen für ein Windspiel

Der »Frankfurter Struwwelpeter« und ein lustiges Weihnachtsfest

Leipzig 1765–1768

Ein reichlich altkluger junger Mann – Ratschläge
für die Töchter des Kupferstechers Stock – Abends in
Auerbachs Keller – Zuckerwerk verdirbt die Zähne –
Ein Christbäumchen für Joli, im rotwollenen Kamisol –
Das Christkindchen wird angeknabbert

Goethes Leipziger
Studentenwohnung

Ein Weihnachtsbäumchen für ein Windspiel

*W*ährend seiner Leipziger Studentenzeit ging Goethe, ein reichlich altkluger junger Mann von nicht einmal zwanzig Jahren, im Hause des Kupferstechers Stock ein und aus. Stock bewohnte mit seiner Frau und den beiden Töchtern eine geräumige »Bodenkammer« im Breitkopfschen Hause zum »Silbernen Bären«; Stock und Goethe arbeiteten dort (je an einem Fenster) an ihren Kupferstichen, während die Töchter an einem anderen Fenster mit Handarbeit beschäftigt waren.

»Das Gespräch«, heißt es in einem Bericht der Tochter Marie, »ging ohne Unterbrechung fort; denn schon damals zeigte Goethe eine große Lust am Diskurieren.«

Student Goethe gibt dem Familienvater auch nebenbei noch gute Ratschläge, worin er seine Töchter unterrichten lassen solle: »In nichts anderem (…) als in der Wirtschaft. Laß sie gute Köchinnen werden, das wird für ihre künftigen Männer das Beste sein.« Wie gesagt, ein altkluger junger Mann.

Vater Stock, der »vornehmlich kleine Vignetten für den Verlagsbuchhändler Breitkopf« mit der feinen Radiernadel in Kupferplatten stach, gab auch Unterricht. Sein eifrigster Schüler war Goethe, der den Familienvater gelegentlich – nach möglichst frühem Feierabend – »zu Schönkopfs oder nach Auerbachs Keller« entführte.

Sehr zum Ärger von Frau Stock, die den jungen Studenten dafür auch schon mal gehörig ausschimpfte. Doch die Tochter weiß zu berichten, daß Goethe die Mutter jedesmal durch allerlei Späße wieder besänftigte, »so daß sie ihn den Frank-

Der sechzehnjährige
Johann Wolfgang Goethe

furter Struwwelpeter nannte und ihn zwang, sich das Haar aus-
kämmen zu lassen, welches so voller Federn sei, als ob Spatzen
darin genistet hätten«.

Die Schwestern brachten ihre Kämme dazu und Marie
Körner erzählt voller Bewunderung:

»Goethe hatte das schönste braune Haar; er trug es unge-
pudert im Nacken gebunden, aber nicht wie der alte Fritz als

steifen Zopf, sondern so, daß es in dichtem Gelock frei herab-
wallte.«

Weihnachten kam heran; wie immer ging Goethe ein und
aus, spielte allerdings – zum Verdruß der Kinder – lieber mit
dem kleinen Hündchen, das zur Familie gehörte, als mit ihnen.
Es war ein Windspiel, »ein niedliches Tierchen«, namens Joli,
dem Goethe »allerhand Unarten gestattete und es verzog,
während er gegen uns den gestrengen Erzieher spielte.«

Weihnachtsabend bei der Familie Stock.

Goethe hat den Kindern erklärt, Zuckerwerk verderbe die
Zähne und gebrannte Mandeln und Nüsse die Stimme.

Für den kleinen Joli hat er allerdings allerlei Naschereien
mitgebracht, und:

»Goethe und der Vater trieben ihren Mutwillen so weit, daß
sie an dem Weihnachtsabend ein Christbäumchen für Joli, mit
allerhand Süßigkeiten behangen, aufstellten, ihm ein rotwollnes
Kamisol [Unterjäckchen] anzogen und ihn auf zwei Beinen zu
dem Tischchen, das für ihn reichlich besetzt war, führten,
während wir mit einem Päckchen brauner Pfefferkuchen, welche mein Herr Pate aus Nürnberg geschickt hatte, uns begnü-
gen mußten.«

Es kam aber noch schlimmer:

»Joli war ein so unverständiges, ja, ich darf sagen, so unchristli-
ches Geschöpf, daß er für die von uns unter unserem Bäumchen
aufgeputzte Krippe nicht den geringsten Respekt hatte, alles be-
schnopperte und mit einem Haps das zuckerne Christkindchen
aus der Krippe riß und aufknabberte, worüber Herr Goethe und
der Vater laut auflachten, während wir in Tränen zerflossen.«

Noch im Abstand von vielen Jahren ist der Erzählerin die
kindliche Empörung anzumerken.

»Ein Glück nur«, erinnert sie sich an dieses denkwürdige
Weihnachtsfest mit Goethe, ihren Eltern und der Schwester in
Leipzig – »Ein Glück nur, daß Mutter Maria, der heilige Joseph
und Ochs und Eselein von Holz waren; so blieben sie ver-
schont.«

»Als ich über den Marckt ging und
die vielen Lichter und Spielsachen sah...«

»... und ich schlief ein den heiligen
im Himmel danckend, dass sie uns Kinderfreude
zum Crist bescheeren wollen.«

Frankfurt am Main 1772, nach der Rückkehr aus Wetzlar

Ein Flirt mit Lotte – Goethes Flucht – »Lieber Kestner...«
– Erinnerungen – Christtag früh – Als ich über den
Markt ging – »Grüsst mir die Lieben alle.«

»Als ich über den Marckt ging und
die vielen Lichter und Spielsachen sah...«

*G*oethe ist aus Wetzlar geflohen, ein unglücklicher,
unentschlossener Liebhaber, hat sich der Möglichkeit
entzogen, als es ernst wurde.

Kestner, der dem Flirten um Lotte lange Zeit duldsam zuge-
sehen hatte, hatte der Braut endlich einen fast warnenden Brief
geschrieben:

»Als Freund muß ich Ihnen sagen, daß nicht alles Gold ist,
was glänzt, daß man sich auf die Worte, welche vielleicht aus
einem Buche nachgesagt oder nur darum gesagt werden, weil
sie glänzend sind, nicht verlassen kann.«

Goethe flieht; er läßt einen Zettel zurück für Kestner, auf
dem er von sich in der dritten Person schreibt: »Er ist fort,
Kestner, wenn Sie diesen Zettel kriegen, er ist fort.« Auch für
Lotte ist ein Zettel da, den sie unter Tränen liest.

Weihnachtszeit 1772. Goethe ist wieder in Frankfurt; er sieht
die Lichter der Stadt, die Weihnachtsvorbereitungen. Seine
Gedanken aber sind noch in Wetzlar, bei Lotte, bei den Kindern, und er schreibt:

»Lieber Kestner euer Brief traf mich eben als ich eine Rolle
versiegelte die ihr mit Morgen fahrender Post kriegt. Es ist
Tamis für meine zween kleine Buben zu Wamms und Pump-
hosen, sonst Matelot genannt. Lassts ihnen den Abend vor
Cristtag bescheren, wie sichs gehört. Stellt ihnen ein Wachs-
stöckgen dazu und küsst sie von mir. Und Lotten den Engel.
Adieu lieber Kestner...«

Den Tag vor Weihnachten hat Goethe auf dem Lande verbracht – »mit einigen guten Jungens...« –, und er fügt hinzu:

»…unsere Lustbarkeit war sehr laut, und Geschrey und Gelächter von Anfang zu Ende.«

Am Abend kommt er zurück, hält auf der Brücke an, sieht die »düstre Stadt zu beyden Seiten«, den leuchtenden Horizont, zeichnet den Anblick spontan und beschreibt später das Bild im Brief: »… der Widerschein im Fluß machte einen köstlichen Eindruck in meine Seele den ich mit beyden Armen umfasste.«

Dann geht er zu Bett, fast wie ein großes Kind, dankt den Heiligen im Himmel, »dass sie uns Kinderfreude zum Crist bescheeren wollen«.

»Cristtag früh.« Am Weihnachtsmorgen steht er noch vor Tagesanbruch auf, schreibt wieder nach Wetzlar, um seine Eindrücke zu schildern.

»Als ich über den Marckt ging«, erzählt er, »und die vielen Lichter und Spielsachen sah dacht ich an euch und meine Bubens wie ihr ihnen kommen würdet, diesen Augenblick ein Himlischer Bote mit dem blauen Evangelio, und wie aufgerollt sie das Buch erbauen werde. Hätt ich bey euch seyn können ich hätte wollen so ein Fest Wachsstöcke illuminiren, dass es in den kleinen Köpfen ein Widerschein der Herrlichkeit des Himmels geglänzt hätte…«

Mittlerweile wird es langsam Tag, an diesem Weihnachtsfest des Jahres 1772. Er sieht das frühe Grau des Morgens über dem Nachbarhaus, und bald darauf läuten auch die ersten Glocken – schließlich ist Weihnachten. Goethe hört die Torschließer beziehungsweise die Toröffner, das Rasseln ihrer Schlüssel – doch er schreibt und schreibt, ignoriert das milchiger und durchsichtiger werdende Tageslicht, schreibt sich alles von der Seele, hat aber auch »angenehme Erinnerungen voriger Zeiten.«

Sein Elternhaus am Großen Hirschgraben ist inzwischen erwacht, die Bedienten rumpeln schon in der Küche; Goethe muß abbrechen, so schwer es ihm auch fällt an diesem Weihnachtsmorgen, voll von den Wetzlarer Erinnerungen.

Christkindchesmarkt
(um 1850)

»Nun Adieu, es ist hell Licht«, seufzt er – und: »Grüsst mir die Lieben alle. Und lasst von euch hören.«
Frankfurt, 25. Dezember 1772, Goethe.

Es ist ein Jahr später, Weihnachten 1773. Vieles hat sich ereignet, und die Kestners sind inzwischen von Wetzlar nach Hannover gezogen. Goethe ist mit seinen Gedanken bei ihnen.
»Frankfurt 25. Dezember 1773 – Am ersten Christtage, morgens nach sechs«, schreibt er über seinen Brief und beginnt:
»Es ist ein Jahr dass ich um eben die Stunde an euch schrieb meine lieben, wie manches hat sich verändert seit der Zeit.«
Eine Stelle in Kestners Brief sei ihm »durch die Seele« gegangen, die »einen Winck enthält von möglicher Näherung zu euch…«, doch das werde wohl Traum bleiben.
Goethe berichtet von seiner Schwester und von Schlosser, der der beste Ehemann sei und erzählt, daß »die liebe Max« (Maximiliane von La Roche) den Kaufmann Peter Anton Brentano heirate.
Doch die richtige Weihnachtsstimmung will in dem Brief nicht aufkommen; fast erleichtert schließt er:
»Adieu ihr Kinder es wird Tag«, hängt aber noch an: »Schreibt mir bald. Und ergötzt euch an der Erinnerung meiner, wie ich mich an Euch ergötze«, so als habe er Angst, daß der Kontakt völlig abreißen könnte.

»Geben Sie mir, liebe Mutter,
Ihren Pelz!«

Goethe auf dem Eis

Frankfurt am Main 1774

»Geben Sie mir, liebe Mutter, Ihren Pelz!«

*E*ine Geschichte will ich erzählen, die nichts mit Weihnachten zu tun hat, aber sehr wohl hätte an Weihnachten passieren können.

Sehr kalt muß es gewesen sein, damals, im Winter 1773/74.
Der Main war völlig zugefroren, überall fester Spiegelboden,
glatte und leicht verharschte Flächen, so weit das Auge in beide
Richtungen reichte.

Buntes Gewimmel auf dem Eis. Ich stelle mir die Menschen
der damaligen Zeit vor – in Mänteln und Jacken, mit Hand-
schuhen, Schals und Mützen, mehr oder weniger vermummt
wegen der grimmigen Kälte, aber bewegt, gesellig, bunt und
fröhlich.

Die Jugend mit roten Backen und lebhaften Augen, die
Lungen voll von frischer Luft, die Atemluft dampfend, möglichst den ganzen Tag waren sie draußen, dunkel wurde es
ohnehin zu früh, schnallten die sogenannten »Schrittschuhe«
nur kurz (und unwillig) für das schnell hinuntergeschlungene
Mittagessen ab, verabredeten sich, trafen sich wieder, zeigten
einander ihre Kunststücke, imponierten der Jungdamenwelt
am Spiegelufer, zogen gewichtig ihre genau zirkulierten
Bahnen, schauten auch gelegentlich mal nach den Vehikeln
unter ihren Füßen und prüften fachmännisch die aufwärts
gebogenen Kufen ihrer »Schrittschuhe«. Der Wortstreit war
wohl nur den Gebildeteren unter ihnen bewußt – »Schritt-
schuh«, oder doch schon mal vereinzelt das noch belachte Wort
»Schlittschuh«, als sei ein kleiner, einkufiger Schlitten unterge-
schnallt; sogar Klopstock hatte sich eingemischt.

Das alles galt allenfalls der Überlegung danach, störte nicht das Eisvergnügen in frischer Luft, in bunter, geselliger Versammlung, einzeln und doch in Gesellschaft, Freude in den geröteten Gesichtern und auch Stolz auf die eigenen Künste.

Gelegentliche Stürze waren schnell vergessen, man half einander hoch, klopfte ein wenig den Schneestaub von den Kleidern – weiter ging's auf selbst gewählter Bahn, immer fand sich noch eine Lücke, durch die man hindurchsauste, bis zur Brücke und dann wieder zurück, mit lang ausholenden Schritten, den Oberkörper ein wenig gebeugt in der Anstrengung des Schwungholens, dann stolz aufgerichtet im Auskosten der freien Fahrt und des Gleitens, auch schon mal die Arme verschränkt, stolzen Blickes, voller Genugtuung, schaut her, schaut her, ich bin's, ich sause, ich gleite, ich schwebe…

Unter ihnen der junge Goethe, Johann Wolfgang, schon den ganzen Tag ist er auf dem Eise, einer der schnellsten und kühnsten, eine schöne Erscheinung, groß gewachsen, mit langen braunen Locken, roten Wangen und funkelnden braunen Augen.

Das Mittagessen hat er verschlungen, schon ist er wieder da in dem bunten Gewimmel auf dem Main, zieht kraftvoll seine eigenwilligen Bahnen, findet immer ein Schlupfloch, ist als erster an der Brücke, eilt seinen Freunden voran, feuert sie lachend an, den Lockenkopf ihnen zugedreht, beflügelt scheint er zu sein, ein Hermes auf dem Eise, ein Götterbote, den die anderen bewundern, sich abmühen, es ihm gleich zu tun, an Leichtigkeit, Gewandtheit und Schnelligkeit.

Ein Lachen, ein Prusten, ein Hin und Her, ein Auf und Ab – ein Teufelskerl, dieser Goethe vom Hirschgraben. Die Sonne strahlt, das Eis glänzt, fast muß man die Augen ein wenig zukneifen wegen des gleißenden Lichts, doch keiner der Jungen spürt die Kälte an diesem 23. Januar des Jahres 1774 in Frankfurt – voller Wärme sind sie, voller Bewegung und Kraft.

Die Eltern werden bald kommen, eine wichtige Kulisse an den Ufern bilden, die die Jugend noch mehr anspornt, zu

»… unter ihnen der junge Goethe, ein gleißender Paradiesvogel,
mit langer Schleppe bis zu den Waden …«

Wettkämpfen und Schauläufen geradezu herausfordert. Da, da drüben ist gerade jemand gestrauchelt in dem Getümmel, landet weich auf glatter Fläche, rutscht auf den Kleidern noch einige Meter, schon sind andere bei ihm, helfen ihm auf – schon lacht er wieder, wird abgeklopft, weiter geht es mit Leichtigkeit: Schwung holen, gleitenlassen, aufrichten, die Arme verschränken, schauen und genießen.

Die ersten Eltern treffen ein. Johann Wolfgang, hinten an der Brücke, hebt eine Hand über die Augen, späht hinüber zum Ufer, schon hat er die Mutter erkannt, im Wagen sitzt sie, hat ihren weithin leuchtenden, roten Sammetpelz an, den er so liebt, vorne mit goldenen Schnüren und Quasten zusammengehalten, unten mit Zobel verbrämt.

Seine Mutter, Frau Rat Goethe, jugendlich ist sie und die Schönste unter den Frauen. *Seine Mutter,* stolz ist er in diesem Augenblick; schon schwebt er heran, Sohn Hermes, entfernt sich von der Freundesschar, atemlos kommt er an, am Ufer, ohne die Schrittschuhe abzuschnallen watschelt er mit auswärts geknickten Füßen auf die Kutsche zu, friert plötzlich, hält sich am Kutschenrand, hustet, verschnauft ein wenig, strahlt in das lächelnde, doch auch besorgte Gesicht der Mutter, bittet:

»Geben Sie mir Ihren Pelz, liebe Mutter, bitte!«, schnauft, hustet wieder, nimmt ein Taschentuch.

Frau Aja, ohne sich zu besinnen, öffnet die Schnüre, die Quasten, nimmt den Pelz von den Schultern – gibt dem Sohn auch noch die Pelzmütze, die er vergessen hat – Wolfgang hängt ihn sich um, den leuchtenden Pelz, rot und lang und weiblich, nimmt auch die überflüssige Mütze; die Freundesschar ist inzwischen hinter ihm, eine atemlos dampfende Wand mit ungläubig staunenden Gesichtern, ihr Freund in rotem Pelz, mit langer Schleppe, lässig drapiert, nur notdürftig verschlossen – dazu die Mütze spöttisch auf den Locken – auf geht's nach einigen Staunsekunden, schon ist er wieder mitten auf dem erstarrten Flusse, die lustige Verfolgungsjagd beginnt von neuem, nun erst recht und farbig motiviert: ein gleißender Paradiesvogel vor ihnen, mit langer Schleppe bis zu den Waden, oben die braune Mütze – gegen die Sonne müssen sie jagen, den glitzernden Vogel, er ist der Schnellste von ihnen, entgleitet ihnen mühelos, schon ist er hinten an der Brücke, dreht, kommt ihnen flugs wieder entgegen, während die Verfolger mühsam abstoppen, die Kufen heben, das Eis ritzen, daß es spritzt.

Dann hält er, mitten auf dem Eis, sucht eine etwas verharschte Fläche – da, da drüben liegt ein wenig Pulverschnee, ganz wenig nur; ehe die anderen begreifen, läuft er, der Mutter zu Ehren ein großes M, doppellinig und mit akrobatischen Wendungen, setzt an mit einem Schnörkelbogen, zieht hoch und runter steile V-Bahnen, endet wieder im Schnörkelbogen – schaut auf sein Werk. Die anderen stehen und schauen, verständnislos, erahnen die imaginäre Figur, mehr als daß sie sie sehen.

Wolfgang umkreist das Gebilde, betrachtet es von der Gegenseite, meint ein »W« könne es so gesehen auch sein, für Wolfgang oder Werther – und hier und hier, er kratzt ein wenig mit erhobener Kufe, hier die Schellen der Narrenkappe.

Dann blitzt er sie an, die Freunde, aus strahlenden Augen, die lachen, schütteln auch wohl die Köpfe, mischen sich in das Gewimmel, bunt und fröhlich, und Wolfgang winkt noch der Mutter am Ufer, während schon wieder andere die seltene Erscheinung begaffen, die fast feminine Schönheit im Pelz, den er schon fast vergessen hat, weg von dem Schriftzug gleitet er und denkt, während eine Idee in ihm keimt:

Das ganze Leben müßte so sein, so im Fluge, so zeitlos und in Schönheit, bei Sonne und Eis.

Das ganze Leben!

»Nur das Werther, dass Sie nicht eher kommen als Weihnachtsabend!«

Werthers Weihnachten

Frankfurt am Main 1774

Eine unglückliche Liebe – Ein neuer Flirt – Brentano
setzt den »Hausfreund« vor die Tür – Der
Siegeszug eines Buches – Werthers Schicksal –
»Kein Geistlicher hat ihn begleitet«

>>Nur das Werther,
daß Sie nicht eher kommen als Weihnchtsabend<<

*D*ie Erlebnisse in Wetzlar, der Selbstmord Jerusalems
im Oktober 1772, die unglückliche Liebe zu Lotte –
alles gärte in dem jungen Goethe.

Wie tief auch immer er selbst involviert war, er suchte
Ablenkung, fand sie auch zunächst in Ehrenbreitstein bei der
Familie La Roche, flirtete mit Maxe, der schönen Tochter.

Als sie kurze Zeit später (1774) nach Frankfurt kommt, den
Kaufmann Peter Anton Brentano heiratet, avanciert Goethe
zum >>Hausfreund<<, bis Brentano ihn kurzerhand vor die Tür
setzt.

In diesem Jahr schreibt Goethe seinen >>Werther<<, ein Buch
von ungeheurer Wirkung – es wird verboten, Geistliche ereifern sich, weil es offen den Selbstmord billigt, es gibt Parodien,
Lieder, Spottverse und Aufführungen, ja, man kleidet sich sogar
à la Werther – der Siegeszug dieses Buches ist nicht aufzuhalten.

>>Die Leiden des jungen Werthers<< wird ein Stück Weltlitera-
tur, ein Begriff, den der alte Goethe Jahrzehnte später prägen
wird.

Werther und Weihnachten – fast scheint beides unvereinbar.
Und doch bringt die folgende Weihnachtsszene aus dem >>Wer-
ther<< eben dieses und über das Weihnachtliche hinaus alle Lei-
denschaftlichkeit und Heftigkeit des Gefühls, die Werther
offenbart, aber auch gleichzeitig erstaunliche Sätze Lottes, die
dem Werben Werthers Einhalt gebietet: >>Warum denn mich,
Werther? just mich, das Eigentum eines andern?<< Und weiter:
>>Ich fürchte, ich fürchte, es ist nur die Unmöglichkeit, mich zu
besitzen, die Ihnen diesen Wunsch so reizend macht.<<

Lotte mit ihren Geschwistern

Sätze, die der Dichter Lotte in den Mund legt, die nicht nur Werther treffen, sondern auch ihn, den Dichter.

Werther hat den Mut zu sterben, und Lotte (so der fiktive »Herausgeber« Goethe) »war fest bei sich entschlossen, alles zu tun, um Werthern zu entfernen, und wenn sie zauderte, so war es eine herzliche, freundschaftliche Schonung...«

Zu diesem Zeitpunkt also besucht Werther seine so leidenschaftlich geliebte Lotte:

»An demselben Tage, als Werther den zuletzt eingeschalteten Brief an seinen Freund geschrieben, es war der Sonntag vor Weihnachten, kam er abends zu Lotten und fand sie allein. Sie beschäftigte sich, einige Spielwerke in Ordnung zu bringen, die sie ihren kleinen Geschwistern zum Christgeschenke zurechtgemacht hatte. Er redete von dem Vergnügen, das die Kleinen haben würden, und von den Zeiten, da einen die unerwartete Öffnung der Tür und die Erscheinung eines aufgeputzten Baumes mit Wachslichtern, Zuckerwerk und Äpfeln in paradiesische Entzückung setzte. – Sie sollen, sagte Lotte, indem sie ihre Verlegenheit unter ein liebes Lächeln verbarg, Sie sollen auch beschert kriegen, wenn Sie recht geschickt sind; ein Wachsstöckchen und noch was. – Und was heißen Sie geschickt sein? rief er aus; wie soll ich sein? wie kann ich sein? beste Lotte! – Donnerstag abend, sagte sie, ist Weihnachtsabend, da kommen die Kinder, mein Vater auch, da kriegt jedes das seinige, da kommen Sie auch – aber nicht eher. – Werther stutzte. – Ich bitte Sie, fuhr sie fort, es ist nun einmal so, ich bitte Sie um meiner Ruhe willen, es kann nicht, es kann nicht so bleiben. – Er wendete seine Augen von ihr und ging in der Stube auf und ab und murmelte das: »Es kann nicht so bleiben!« zwischen den Zähnen. Lotte, die den schrecklichen Zustand fühlte, worein ihn diese Worte versetzt hatten, suchte durch allerlei Fragen seine Gedanken abzulenken, aber vergebens. – Nein, Lotte, rief er aus, ich werde Sie nicht wiedersehen! – Warum das? versetzte sie, Werther, Sie können, Sie müssen uns wiedersehen, nur mäßigen Sie sich. O, warum mußten Sie mit dieser Heftigkeit, dieser unbezwinglich haftenden Leidenschaft für alles, was Sie einmal anfassen, geboren werden! Ich bitte Sie, fuhr sie fort, indem sie ihn bei der Hand nahm, mäßigen Sie sich! Ihr Geist, Ihre Wissenschaften, Ihre Talente, was bieten die Ihnen für mannigfaltige Ergetzungen dar! Sein Sie ein Mann! Wenden Sie diese traurige Anhänglichkeit von einem Geschöpf, das nichts tun kann als Sie bedauern. – Er knirrte mit den Zähnen und sah sie düster an. Sie hielt seine Hand: Nur einen Augenblick ruhigen Sinn, Werther! sagte sie. Fühlen Sie nicht, daß Sie sich betrügen, sich mit Willen zugrunde richten! Warum denn mich, Werther? just mich, das Eigentum eines andern? just das? Ich fürchte, ich fürchte, es ist nur die Unmöglichkeit, mich zu besitzen, die Ihnen diesen Wunsch so reizend macht. – Er zog seine Hand aus der ihrigen, indem er sie mit einem starren, unwilligen Blick ansah. – Weise! rief er, sehr weise! hat vielleicht Albert diese Anmerkung gemacht? Politisch! sehr politisch! – Es kann sie jeder machen, versetzte sie drauf. Und sollte denn in der weiten Welt kein Mädchen sein, das die Wünsche Ihres Herzens erfüllte? Gewinnen Sie's über sich, suchen Sie darnach, und ich schwöre Ihnen, Sie werden sie finden; denn schon lange ängstet mich, für Sie und uns, die Einschränkung, in die Sie sich diese Zeit her selbst gebannt haben. Gewinnen Sie es über sich! eine Reise wird Sie, muß Sie zerstreuen! Suchen Sie, finden Sie einen werten Gegenstand Ihrer Liebe und kehren Sie zurück, und lassen Sie uns zusammen die Seligkeit einer wahren Freundschaft genießen.

Das könnte man, sagte er mit einem kalten Lachen, drucken lassen und allen Hofmeistern empfehlen. Liebe Lotte! lassen Sie mir noch ein klein wenig Ruh, es wird alles werden! – Nur das, Werther, daß Sie nicht eher kommen als Weihnachtsabend! – Er wollte antworten, und Albert trat in die Stube. Man bot sich einen frostigen Guten Abend und ging verlegen im Zimmer neben einander auf und nieder. Werther fing einen unbedeutenden Diskurs an, der bald aus war, Albert desgleichen, der sodann seine Frau nach gewissen Aufträgen fragte und, als er hörte, sie seien noch nicht ausgerichtet, ihr einige Worte sagte, die Werthern kalt, ja gar hart vorkamen. Er wollte gehen, er konnte nicht und zauderte bis acht, da sich denn sein Unmut und Unwillen immer vermehrte, bis der Tisch gedeckt wurde und er Hut und Stock nahm. Albert lud ihn zu bleiben, er aber, der nur ein unbedeutendes Kompliment zu hören glaubte, dankte kalt dagegen und ging weg.«

Am Montagmorgen, den 21. Dezember schreibt er dann seinen letzten Brief an Lotte, teilt ihr seinen Entschluß mit: »Es ist beschlossen, Lotte, ich will sterben…« Natürlich kann er sich in dieser dramatischen Situation nicht an ihre Bitte halten, erst am Weihnachtsabend zu kommen, er muß sie sehen, reitet zum Hause des Amtmannes. Kaum ist er da, umringen ihn Lottes Geschwister, plappernd und fröhlich, voller Erwartungen:

»Die Kleinen ließen ihn nicht lange in Ruhe, sie verfolgten ihn, sprangen an ihm hinauf, erzählten ihm: daß, wenn morgen, und wieder morgen, und noch ein Tag wäre, sie die Christgeschenke bei Lotten holten, und erzählten ihm Wunder, die sich ihre kleine Einbildungskraft versprach. – Morgen! rief er aus, und wieder morgen! und noch ein Tag! – und küßte sie alle herzlich und wollte sie verlassen, als ihm der Kleine noch etwas in das Ohr sagen wollte. Der verriet ihm, die großen Brüder hätten schöne Neujahrswünsche geschrieben, *so groß!* und einen für den Papa, für Albert und Lotte einen und auch einen für Herrn Werther; die wollten sie am Neujahrstage früh überreichen. Das übermannte ihn, er schenkte jedem etwas, setzte sich zu Pferde, ließ den Alten grüßen und ritt mit Tränen in den Augen davon.«

Wieder zu Hause angekommen, befiehlt er der Magd, nach dem Feuer zu sehen und schreibt weiter an seinem Abschiedsbrief:

»Du erwartest mich nicht! du glaubst, ich würde gehorchen und erst Weihnachtsabend dich wiedersehn. O, Lotte! heut oder nie mehr. Weihnachtsabend hältst du dieses Papier in deiner Hand, zitterst und benetzest es mit deinen lieben Tränen. Ich will, ich muß! O, wie wohl ist es mir, daß ich entschlossen bin.«

Werther wird Weihnachten nicht mehr erleben; kurz vor dem Christfest, am 23. Dezember, beendet er sein Leben, sein Todeskampf endet erst am nächsten Tag, um zwölf Uhr mittags – es ist inzwischen Heiligabend. Handwerker tragen ihn zu Grabe – unter zwei Lindenbäumen, in einer fernen Ecke, »nach dem Felde zu« will er ruhen. Seine letzte Bestimmung lautet: »Ich will frommen Christen nicht zumuten, ihren Körper neben einen armen Unglücklichen zu legen.«

Der Amtmann und die Söhne folgen dem Sarg (»Albert vermochts nicht. Man fürchtete für Lottens Leben.«), nachts gegen elf fand sie statt, die traurige Beisetzung, aber – »Kein Geistlicher hat ihn begleitet.«

»Einen heiligen Christ für deine Kinder!«

Weihnachten und »Wilhelm Meister«

Weimar 1777

Erinnerungen an das Puppenspiel der Großmutter –
»Kinder müssen Komödien haben und Puppen« – Doktor
Faust und das Mohrenballett – König Saul und David –
Und wo ist Goliath? – Der Christabend nahte heran –
Ein unerwartetes Schauspiel – Eine schöne Königstochter zur
Belohnung – Wilhelm ist nachdenklich – Der Vorhang
fiel zu, die Türe schloß sich – Nur Türpfosten,
wo gestern soviel Zauberei gewesen

»Einen heiligen Christ für deine Kinder!«

$\mathcal{E}$in direkter Bezug zu Goethes frühen Weihnachtserlebnissen findet sich in »Wilhelm Meisters theatralische Sendung«; insbesondere an das Puppenspiel der Großmutter scheint er sich bei der Arbeit am »Wilhelm Meister«
erinnert zu haben.

»Einige Tage vor Heiligabend in den 40er Jahren des 18. Jahrhundert«, so beginnt »Wilhelm Meisters theatralische Sendung«,
geht Benedikt Meister, »Bürger und Handelsmann zu M...,
einer mittleren Reichsstadt, aus seinem gewöhnlichen Kränzchen abends gegen achte« nach Hause. Er kommt an dem Haus
seiner Mutter vorbei, das er »emsig« beleuchtet vorfindet, klopft
an, und die Magd öffnet ihm hastig und geheimnisvoll die Tür.

Wir können uns vorstellen, daß sie den Zeigefinger an die
Lippen legt, ihm bedeutet, leise zu sein.

Benedikt Meister geht mit ihr vorsichtig die Treppe hinauf,
klopft an die Stubentür und findet im nächsten Augenblick
seine überraschte Mutter an ihrem großen Tisch mit Weg-
räumen, Zudecken und Einpacken beschäftigt, was jedem
geläufig sein dürfte, der sich zur Weihnachtszeit gern mit Kauf
und Verpackung von Geschenken für andere beschäftigt, sie
liebevoll aufbaut, sich daran erfreut und die Vorfreude genießt,
im Gedanken an die spätere Freude der beschenkten Kinder
und natürlich auch an die der Erwachsenen.

Benedikt begrüßt die Mutter mit einem »Guten Abend«, die
ihm aber, ich nehme an, entgegen ihrer sonstigen Gewohnheit,
mit einem eher ausweichenden »Du kommst mir nicht ganz
gelegen« antwortet.

Der Sohn stört ihre Weihnachtsvorbereitungen.

Aber hören wir Goethe selbst, beziehungsweise die Mutter, die einlenkt:

»Weil du nun einmal da bist, so magst du's wissen, da sieh, was ich zurecht mache«, sagte sie und hob die Servietten auf, die übers Bett geschlagen waren, und tat zugleich einen Pelzmantel weg, den sie in der Eile übern Tisch gebreitet hatte, da nun denn der Mann eine Anzahl spannenlanger, artig gekleideter Puppen erblickte, die in schöner Ordnung, die beweglichen Drähte an den Köpfen befestigt, nebeneinanderlagen und nur den Geist zu erwarten schienen, der sie aus ihrer Untätigkeit regen sollte. »Was gibt denn das, Mutter?« sagte Meister. – »Einen heiligen Christ für deine Kinder!« antwortete die Alte. »Wenn's ihnen so viel Spaß macht als mir, eh' ich sie fertig kriegte, soll mir's lieb sein.« Er besah's eine Zeitlang, wie es schien, sorgfältig, um ihr nicht gleich den Verdruß zu machen, als hielte er ihre Arbeit vergeblich. »Liebe Mutter«, sagte er endlich, »Kinder sind Kinder, Sie macht sich zu viel zu schaffen, und am Ende seh' ich nicht, was es nutzen soll.« – »Sei nur stille«, sagte die Alte, indem sie die Kleider der Puppen, die sich etwas verschoben hatten, zurechtrückte, »laß es nur gut sein, sie werden eine rechte Freude haben, es ist so hergebracht bei mir, und das weißt du auch, und ich lasse nicht davon; wie ihr klein wart, wart ihr immer drin vergackelt und trugt euch mit euern Spiel- und Naschsachen herum die ganzen Feiertage; euere Kinder sollen's nun auch so wohl haben, ich bin Großmutter und weiß, was ich zu tun habe.« – »Ich will Ihr's nicht verderben«, sagte Meister, »ich denke nur, was soll den Kindern, daß man's ihnen heut oder morgen gibt; wenn sie was brauchen, so geb' ich's ihnen, was braucht's da heiliger Christ zu? Da sind Leute, die lassen ihre Kinder verlumpen und sparen's bis auf den Tag.« – »Benedikt«, sagte die Alte, »ich habe ihnen Puppen geputzt und habe ihnen eine Komödie zurechte gemacht, Kinder müssen Komödien haben und Puppen. Es war euch auch in eurer Jugend so, ihr habt mich um manchen

Goethes Puppenhaus

Batzen gebracht, um den Doktor Faust und das Mohrenballett zu sehen; ich weiß nun nicht, was ihr mit euern Kindern wollt, und warum ihnen nicht so gut werden soll wie euch.«

»Wer ist denn das?« sagte Meister, indem er eine Puppe aufhub. – »Verwirrt mir die Drähte nicht«, sagte die Alte, »es ist mehr Mühe, als ihr denkt, bis man's so zusammenkriegt. Seht nur, das da ist König Saul. Ihr müßt nicht denken, daß ich was umsonst ausgebe; was Läppchen sind, die hab' ich all' in meinem Kasten, und das bißchen falsch Silber und Gold, das drauf ist, das kann ich wohl dran wenden.« – »Die Püppchen sind recht hübsch«, sagte Meister. – »Das denk' ich«, lächelte die Alte, »und kosten doch nicht viel. Der alte lahme Bildhauer Merks, der mir Interessen schuldig ist von seinem Häuschen so lang, hat mir Hände, Füße und Gesichter ausschneiden müssen, kein Geld krieg' ich doch nicht von ihm und vertreiben kann ich ihn nicht, er sitzt schon seit meinem seligen Mann her und hat immer richtig eingehalten bis zu seiner zwoten unglücklichen Heurat.« – »Dieser in schwarzem Samt und der goldenen Krone, das ist Saul?« fragte Meister; »wer sind denn die andern?« – »Das solltest du so sehen«, sagte die Mutter. »Das hier ist Jonathan, der hat Gelb und Rot, weil er jung ist und flatterig, und hat einen Turban auf. Der oben ist Samuel, der hat mir am meisten Mühe gemacht mit dem Brustschildchen. Sieh den Leibrock, das ist ein schieler Taft, den ich auch noch als Jungfer getragen habe.« – »Gute Nacht«, sagte Meister, »es schlägt just achte.« – »Sieh nur noch den David!« sagte die Alte. »Ah, der ist schön, der ist ganz geschnitzt und hat rote Haare; sieh, wie klein er ist und hübsch.« – »Wo ist denn nun der Goliath?« sagte Meister; »der wird doch nun auch kommen.« – »Der ist noch nicht fertig.« sagte die Alte. »Das muß ein Meisterstück werden. Wenn's nur erst alles fertig ist. Das Theater macht mir der Konstabler-Lieutenant fertig, mit seinem Bruder; und hinten zum Tanz, da sind Schäfer und Schäferinnen, Mohren und Mohrinnen, Zwerge und Zwerginnen, es wird recht hübsch werden! Laß es nur gut sein, und sag' zu Hause nichts davon und mach' nur, daß dein Wilhelm nicht hergelaufen kommt; der wird eine rechte Freude haben, denn ich denk's noch, wie ich ihn die letzte Messe ins Puppenspiel schickte, was er mir alles erzählt hat, und wie er's begriffen hat.« – »Sie gibt sich zu viel Mühe.« sagte Meister, indem er nach der Türe griff. – »Wenn man sich um der Kinder willen keine Mühe gäbe, wie wärt ihr groß geworden?« sagte die Großmutter.

Die Magd nahm ein Licht und führt' ihn hinunter.

Der Christabend nahte heran in seiner vollen Feierlichkeit. Die Kinder liefen den ganzen Tag herum und standen am Fenster, in ängstlicher Erwartung, daß es nicht Nacht werden wollte. Endlich rief man sie, und sie traten in die Stube, wo jedem sein wohlerleuchtetes Anteil zu höchstem Erstaunen angewiesen ward. Jeder hatte von dem Seinigen Besitz genommen und war nach einem zeitlang Angaffen im Begriff, es in eine Ecke und in seine Gewahrsam zu bringen, als ein unerwartetes Schauspiel sich vor ihren Augen auftat. Eine Tür, die aus einem Nebenzimmer hereinging, öffnete sich, allein nicht wie sonst zum Hin- und Widerlaufen; der Eingang war durch eine unerwartete Festlichkeit ausgefüllt, ein grüner Teppich, der über einem Tisch herabhing, bedeckte fest angeschlossen den untern Teil der Öffnung, von da auf baute sich ein Portal in die Höhe, das mit einem mystischen Vorhang verschlossen war, und was von da auf die Türe noch zu hoch sein mochte, bedeckte ein Stück dunkelgrünes Zeug und beschloß das Ganze. Erst standen sie alle von fern, und wie ihre Neugierde größer wurde, um zu sehen, was Blinkendes sich hinter dem Vorhang verbergen möchte, wies man jedem sein Stühlchen an und gebot ihnen freundlich, in Geduld zu warten. Wilhelm war der einzige, der in ehrerbietiger Entfernung stehenblieb und sich's zwei-, dreimal von seiner Großmutter sagen ließ, bis er auch sein Plätzchen einnahm. So saß nun alles und war still, und mit dem Pfiff rollte der Vorhang in die Höhe und zeigte eine hochrot gemalte Aussicht in den Tempel. Der Hohepriester Samuel erschien mit Jonathan, und ihre wechselnden Stimmen vergeisterten ganz ihre kleinen Zuschauer. Endlich trat Saul auf in großer Verlegenheit über die Impertinenz, womit der schwerlötige Kerl ihn und die Seinigen ausgefordert hatte – wie wohl ward's da unserm Wilhelm, der alle Worte abpaßte und bei allem zugegen war, als der zwerggestaltete, raupigte Sohn Isai mit seinem Schäferstab und Hirtentasche und Schleuder hervortrat und sprach: »Großmächtigster König und Herr Herr! Es entfalle keinem der Mut um dessentwillen; wenn Ihro Majestät mir erlauben wollen, so will ich hingehen und mit dem gewaltigen Riesen in den Streit treten.« Dieser Actus endigte sich. Die übrigen Kleinen waren alle vergackelt, Wilhelm allein erwartete das Folgende und sann drauf; er war unruhig, den großen Riesen zu sehen, und wie alles ablaufen würde.

Der Vorhang ging wieder auf. David weihte das Fleisch des Ungeheuers den Vögeln unter dem Himmel und den Tieren auf dem Felde. Der Philister sprach Hohn, stampfte viel mit beiden Füßen, fiel endlich wie ein Klotz und gab der ganzen Sache einen herrlichen Ausschlag. Wie dann nachher die Jungfrauen sungen: »Saul hat tausend geschlagen, David aber zehentausend«, und der Kopf des Riesen vor dem kleinen Überwinder hergetragen wurde und er dafür die schöne Königstochter zur Gemahlin kriegte, verdroß es Wilhelmen doch bei aller Freude, daß der Glücksprinz so zwergenmäßig gebildet wäre. Denn nach der Idee vom großen Goliath und kleinen David hatte die liebe Großmutter nichts verfehlt, um beide recht charakteristisch zu machen. Die dumpfe Aufmerksamkeit der übrigen Geschwister dauerte ununterbrochen fort, Wilhelm aber geriet in eine Nachdenklichkeit, darüber er das Ballett von Mohren und Mohrinnen, Schäfern und Schäferinnen, Zwergen und Zwerginnen nur wie im Schatten vor sich hingaukeln sah. Der Vorhang fiel zu, die Türe schloß sich, und die ganze kleine Gesellschaft war wie betrunken taumelnd und begierig, ins Bett zu kommen; nur Wilhelm, der aus Gesellschaft mitmußte, lag allein, dunkel über das Vergangene nachdenkend, unbefriedigt in seinem Vergnügen, voller Hoffnungen, Drang und Ahndung.

Den andern Tag war eben alles wieder verschwunden, der mystische Schleier war aufgehoben, man ging durch diese Türe wieder frei aus einer Stube in die andre, aus der abends vorher so viel Abenteuer geleuchtet hatten. Die übrigen liefen mit ihren Spielsachen auf und ab, Wilhelm allein schlich hin und her, als wenn er eine verlorne Liebe suchte, als wenn er's fast unmöglich glaubte, daß da nur zwei Türpfosten sein sollten, wo gestern so viel Zauberei gewesen war.«

»Diesmal ist Christus unter Donner und Blitzen geboren worden ...«

Goethes Weihnachten in Italien

Rom 1786 und 1787

Goethes Wiedergeburt – »... man hat außer Rom keinen
Begriff« – Von Ruinen und Landschaften – Maler oder
Dichter? – Vertiefung der Bildung – »Man merkt den Winter
nicht« – Heiligabend in Rom (1786) – St. Peter nur spärlich
erleuchtet – Ein feierliches Hochamt am Weihnachtstag –
Der Papst und die ganze »Klerisei« – Nach Neapel und
Sizilien: Wieder in Rom! – Siesta auf dem Stuhl des Papstes –
Weihnachten 1787: Mondfinsternis, Blitze und Donner –
»Ihro Heiligkeit« beim Gebet

Goethe am Fenster der Wohnung
am Corso in Rom, 1787

Diesmal ist Christus unter
Donner und Blitzen geboren worden...«

*D*ie Italienreise Goethes, oft beschrieben und in vielen
Ausgaben zugänglich, war für ihn mehr als nur
irgendeine Bildungsreise oder obligatorische »Grand Tour«, er
erlebte sie als Wiedergeburt, als umfassende Erneuerung.

So schreibt er an Charlotte von Stein: »Die Wiedergeburt die
mich von innen heraus umarbeitet, würkt immer fort (...) und
es ist nicht allein der Kunstsinn, es ist auch der moralische, der
große Erneuerung leidet.«

Goethe erfährt seine persönliche Renaissance; gern spricht er
in solchen Phasen von einer Metamorphose oder gebraucht
die Bilder von »Schalen abwerfen« oder etwa sich zu häuten
wie eine Schlange, die ihre alte Haut zurückläßt.

Rom wirkt auf ihn durchaus in diesem Sinne – »... man hat
außer Rom keinen Begriff«, schreibt er, »wie man hier geschult
wird. Man muß, sozusagen, wiedergeboren werden, und man
sieht auf seine vorigen Begriffe wie auf Kinderschuhe zurück.«

Goethe vertieft seine Bildung, überprüft seinen Kunstbegriff
durch intensives Studium von Kunstwerken, schult sein Auge
durch Betrachtung (und auch durch Zeichnen und Aquarel-
lieren) etwa von Ruinen und Landschaften, erfährt aber auch,
daß er nicht in erster Linie Maler ist, sondern es wird ihm Tag
für Tag deutlicher, »daß ich eigentlich zur Dichtkunst geboren
bin.«

Rom erreicht er am 29. Oktober 1786 und verkündet den
Freunden freudig erregt: »Ja ich bin endlich in dieser Hauptstadt der Welt angelangt!«, und gesteht ihnen noch einmal, daß
»die Begierde, dieses Land zu sehen« überreif gewesen war.

Nun ist seine »Italienische Reise« sicherlich noch selten unter dem Aspekt »Weihnachten« untersucht worden, aber so ganz fern liegen ihm kirchliche Dinge eigentlich nicht, wenn man genauer hinschaut. So war zum Beispiel einer der »Hauptbeweggründe«, »die ich mir vorspiegelte, um nach Rom zu eilen (…) das Fest Allerheiligen…«

Das Fest enttäuschte ihn allerdings; Allerseelen entsprach seinen Erwartungen schon eher; Goethe erlebt den Papst und die Kardinäle, bleibt aber skeptisch – »da regte sich die protestantische Erbsünde, und mir wollte das bekannte und gewohnte Meßopfer hier keineswegs gefallen.«

Bei aller Tätigkeit verlebt Goethe die nächsten Wochen »mit einer Klarheit und Ruhe, von der ich lange kein Gefühl hatte.«

Fast jeden Tag gibt es etwas Neues zu sehen: Bilder, ein neuer, »merkwürdiger Gegenstand«, Gebäude, die Pyramide des Cestius oder die »Ruinen der Kaiserpaläste, die wie Felsenwände dastehn«.

Tischbein, der gerade in dieser Zeit sein berühmtes Goethe-Bild »inszeniert«, wird ihm unentbehrlich, und er trifft Karl Philipp Moritz, »der uns durch Anton Reiser und die Wanderungen nach England merkwürdig geworden. Es ist ein reiner trefflicher Mann, an dem wir viel Freude haben«.

Goethe genießt das italienische Wetter. »Man merkt den Winter nicht«, schreibt er noch Mitte Dezember den Freunden, »die Gärten sind mit immergrünen Bäumen bepflanzt, die Sonne scheint hell und warm, Schnee sieht man nur auf den entferntesten Bergen gegen Norden.«

Ahnung von Winter, Schnee und Weihnachten also auch nur allenfalls da, im Norden! Er zeichnet viel und dichtet wenig, einiges wird fertig oder umgearbeitet, nicht zu vergessen die »Iphigenie«, die ihn vom Brenner an den Gardasee, über Venedig bis nach Rom begleitet.

Gelegentlich kommt Goethe auch wieder auf kirchliche Dinge zu sprechen und schildert unter anderem das Weihnachtsfest des Jahres 1786.

Ganz bewußt suchen sie mehrere Kirchen auf, in denen etwas stattfindet, und Goethe erzählt, daß Tischbein und er – »die Christnacht herumschwärmten und die Kirchen besuchten, wo Funktionen gehalten werden.«

»Eine besonders ist sehr besucht (S. Apollinare), deren Orgel und Musik überhaupt so eingerichtet ist, daß zu einer Pastoralmusik nichts an Klängen abgeht, weder die Schalmeien der Hirten, noch das Zwitschern der Vögel, noch das Blöken der Schafe.«

St. Peter ist merkwürdigerweise nur mit wenigen Lichtern, Lampen und Fackeln spärlich erleuchtet, so daß das große Gebäude kaum zu erkennen ist. Dafür strahlt eine Seitenkapelle im Kerzenschein, in der einige Chorherren Frühmetten singen. In S. Maria Maggiore finden sie die Kirche schön illuminiert, eine Krippe ist im Seitenschiff aufgebaut, und sie sehen eine Fackelprozession.

Am Weihnachtstag selbst besuchen sie den Petersdom und erleben ein feierliches Hochamt mit; Goethes Erzählung zeigt deutlich seine Haltung, verrät, was er letztlich von allem Pomp hält:

»Am ersten Christfeste sah ich den Papst und die ganze Klerisei in der Peterskirche, da er zum Teil vor dem Thron, zum Teil vom Thron herab das Hochamt hielt. Es ist ein einziges Schauspiel in seiner Art, prächtig und würdig genug, ich bin aber im protestantischen Diogenismus so alt geworden, daß mir diese Herrlichkeit mehr nimmt als gibt; ich möchte auch, wie mein frommer Vorfahre, zu diesen geistlichen Weltüberwindern sagen: verdeckt mir doch nicht die Sonne höherer Kunst und reiner Menschheit.«

Kurze Zeit später, am Dreikönigstag, sieht und hört Goethe sich eine Messe nach griechischem Ritus an – die Zeremonien erscheinen ihm hier – »stattlicher, strenger, nachdenklicher und doch populärer als die lateinische.«

Am 22. Februar 1787 schließlich reist er weiter nach Neapel und Sizilien und kehrt am 6. Juni 1787 nach Rom zurück.

Diesen zweiten Aufenthalt in Rom begründet er mit seinen (noch mangelnden) Kunstkenntnissen, die hier »ganz durchgearbeitet, ganz reif werden« müßten.

»Vorgestern bin ich glücklich wieder her angelangt«, schreibt er erleichtert in seiner Korrespondenz – »und gestern hat der feierliche Fronleichnamstag mich sogleich wieder zum Römer eingeweiht.«

Goethe ist sehr beschäftigt und unternehmungslustig; er wünscht sich gleich zu Beginn dieses zweiten römischen Aufenthalts, wenigstens noch ein Jahr in Rom für sich zu haben, um die Zeit entsprechend nutzen zu können. Im August, bei großer Hitze, faßt er den Entschluß, zumindest den nächsten Winter noch in Rom zu bleiben; angenehme Kühle spendet während der »Backofenhitze« die Sixtinische Kapelle, in der er auf dem Stuhl des Papstes seine Siesta hält.

Wochen und Monate ist er beschäftigt, und im Dezember schreibt er: »Ich habe noch die wunderlichsten Sachen vor und halte mein Erkenntnisvermögen zurück, daß nur meine tätige Kraft einigermaßen fortkomme.«

Langsam tritt seine Wiedergeburt ein, sein Zeichnen und sein Studium der Kunstwerke fördern ebenso den Dichter; zwar entstehen wenig neue Gedichte in Italien, doch er ordnet in dieser Zeit seine lyrische Produktion, bereitet die Herausgabe seiner Werke vor, die später (1787 bis 1790) bei Göschen in Leipzig erscheinen werden.

Das zweite Weihnachtsfest in Rom naht.

Das Wetter ist gar nicht weihnachtlich, starke Gewitter mit Blitz und Donner beherrschen die Nacht.

»Diesmal«, notiert Goethe, »ist Christus unter Donner und Blitzen geboren worden, wir hatten gerade um Mitternacht starkes Wetter.«

Außerdem ist eine Mondfinsternis zu beobachten, wie er dem Herzog mitteilt. Kirchen werden weiterhin besucht. So die Kirche »Zu den drei Brünnlein«, in der nach Zeichnungen Raffaels, an den Pfeilern des Kirchenschiffs, Christus und seine

Apostel in Lebensgröße gemalt sind, oder auch »Sankt Paul vor den Mauern«, »ein aus alten herrlichen Resten groß und kunstreich zusammengestelltes Monument«.

In der Zeit unmittelbar nach Weihnachten sind sie wieder im Petersdom; Tischbein zeigt Goethe gerade »einen vorzüglich schön gezeichneten Alabaster«, als dieser ihm ins Ohr flüstert, daß der Papst da sei.

Und tatsächlich: »Ihro Heiligkeit knieten wirklich in langem weißem Gewande mit der rothen Schnur an einem Pfeiler und beteten.«

EIN PAKET AUS FRANKFURT

Weimar 1795

Kavallerie und Infanterie – Ein kleiner Feldherr
namens August Goethe – Der »Wilhelm« im Paket –
Krieg im Haus am Frauenplan

Ein Paket aus Frankfurt

*E*in Paket zu Weihnachten 1795. Eine spannende Sache
für einen Sechsjährigen. Immer dürfen die Großen
zuerst gucken. Die Schnüre aufmachen, das Papier. Von wem,
von wem, ist es denn…? August hüpft vor Aufregung um den
Tisch herum. Von der Großmutter, aus Frankfurt, Junge, warte
doch, hab ein wenig Geduld, sicher ist auch für dich was drin.
Die Oma hat's ja versprochen. Mach's doch auf, Mama, mach's
doch auf…! Ach, ein Brief, ein Brief, immer ein Brief…, können wir nicht erst…?

Die Mutter liest und August will sich schon enttäuscht ab-
wenden, aber bald wird er hellhörig:

»Lieber Sohn!« liest die Mutter, und das ist natürlich der Herr
Vater – »Hir kommt das gewöhnliche bon bon (und) unten in
der Schachtel – liegt Infanteri und Cavaleri vor den kleinen
Augst« – Hurra, schreit der sofort und ist kaum noch zu halten; Zinnsoldaten, die er sich gewünscht hat, von der lieben
Oma zu Weihnachten – »Er kan bey den langen Winter aben-
den«, buchstabiert die Mutter mühsam weiter, »sich damit
amusiren – in der Entfernung und dem seltenen Briefwechsel
kan ich ohnmögich wißen was dem Kind etwa Freude machen
mögte – auch sind größre Spielwercke wegen des Transports zu
kostspielig – nehmt also mit dem vorlieb.«

Der kleine August freut sich riesig, reibt sich aufgeregt die
Händchen und kann's kaum noch abwarten.

Die Großmutter spricht von Kastanien und daß ihr der
Herr Vater einen Wilhelm geschickt habe, alles langweilig für
August, und daß sie bald Urgroßmutter wird und 46 Jahre auf

71

dem Hirschgraben gewohnt habe (August stellt sich einen großen Hirschen mit mächtigem Geweih und einen breiten Graben vor), und sie beklagt die »Unoncklichkeit« des Vaters, weil er der Louise nicht wiedergeschrieben habe, und dann kommt endlich »Amen«, und der sechsjährige August schaut erwartungsvoll vom Gesicht der Mutter wieder auf das Paket. Jetzt aufmachen, weiter aufmachen, auspacken, bitte Mama, bitte…!

Aber erst noch so'n langweiliger Nachsatz, vom Herrn Stock und wieder der »übergeschickte Wilhelm« (August stellt sich einen Mann im Paket vor), der war sehr krank und schwach und läßt sich entschuldigen…!

Und August ist noch bei seinem Wilhelm im Paket, kein Wunder, daß er dann in Frankfurt krank und schwach war. Endlich ist der Brief zu Ende.

»Gott! Segne dich im Neuen Jahr Amen!«

Jetzt werden sie aber ausgepackt, die Kostbarkeiten von der Großmutter – und, ganz unten in der Schachtel, tatsächlich, schön eingedreht in Papier, jede Figur extra, erscheinen sie langsam, August reckt den Hals, Stück für Stück kommen sie ans Tageslicht, Infanteristen mit langen Gewehren, bunt bemalt und – August wird immer zappeliger – Kavalleristen hoch zu Roß, kriegerisch anzuschauen, da gibt es kein Halten mehr für den kleinen Knirps. Er klatscht vor Freude in die Hände und fällt der Mutter um den Hals. Bald sind alle Figuren vom störenden Papier befreit, eine kleine Armee wird gleich an Ort und Stelle auf dem Fußboden aufgestellt, alles ist vergessen rings um ihn herum, Mutter und Vater und Großmutter, die Soldaten sind wichtiger, und wie schön bunt sie sind, und wie sie reiten können und angreifen.

Augustchen rutscht auf den Knien hin und her, macht mit ulkig geformten Lippen und der Zunge Hufgetrappel der Pferde nach. Piff-paff schießen die Soldaten und manchmal fällt auch bereits einer um. Schon bald hat der Sechsjährige gerötete Wangen. Ganz vertieft ist er in sein Spiel – die Pferde

galoppieren über die langen Dielenbretter, so schnell, daß
Gustel auf den Knien gar nicht nachkommen kann, und auf-
passen muß er, höllisch aufpassen, denn die Kugeln pfeifen ihm
nur so um die Ohren, und wieder wird ein Kavallerist getrof-
fen, mitsamt Pferd kippt er um, das Pferd röchelt noch, der
Soldat stöhnt…! Weiter, weiter! Krieg im Haus am Frauenplan,
Weihnachten 1795. Kavalleristen gegen Infanteristen. Feldherr
August Goethe hat überhaupt keine Zeit; ganz versunken ist er
in sein Spiel, die Wangen glühen. Da, eine Anhöhe – ein
Trompetensignal…!

August von Goethe (vor 1794)

Die Welt ist trotz Krieg in Ordnung. August ist glücklich, ohne es zu wissen. Und wir, heute, haben gut reden, »Kriegsspielzeug« und rüsten um auf Holz und sind kreativ in den Kinderzimmern. Pazifisten sind wir, was uns nicht hindert, am Krieg zu verdienen. Nur, das hätte er nicht verstanden, 1795, der kleine August. Piff-paff, die Übersicht muß er behalten, der Feldherr – ein kleiner Napoleon mit seiner Armee; und doppelt die Freude, denn schließlich hat er Geburtstag, der »General« und Weihnachten ist auch noch – doch August, Klein-August, ist weit weg im Krieg, hat keine Zeit, überhaupt keine Zeit, sich zu freuen.

Kavallerie und Infanterie waren ein großer Erfolg, noch lange spielte August damit; die Fußsoldaten und die Reiter wurden bei Gelegenheit ergänzt und die kleine Streitmacht auf diese Art und Weise vergrößert.

Zwei Jahre zuvor hatte Mutter Aja in Frankfurt jedoch entschieden einen Weihnachtswunsch abgelehnt. Goethe hatte sie wohl gefragt, ob man in Frankfurt eine Art Spielzeug-Guillotine bekommen könne, möglicherweise auch auf Augusts Drängen. Da aber ist die Mutter und Großmutter empört: »Lieber Sohn!« schreibt sie energisch – »Alles was ich dir zu gefallen thun kan, geschieht gern und macht mir selbst Freude – aber eine solch infame Mordmaschine zu kaufen – das thue ich um keinen preiß – wäre ich Obrigkeit die Verfertiger hätten an Halseißen gemußt – und die Maschine hätte ich durch den Schinder offendlich verbrennen laßen – was! die Jugendt mit so etwas abscheuliches spielen zu laßen – ihnen Mord und Blutvergießen als einen Zeitvertreib in die Hände zu geben – nein da wird nichts draus.«

Punktum. Mutter Aja setzt Maßstäbe. Was würde sie wohl zum heutigen (einschlägigen) Spielzeugangebot sagen?

> »WENN DU NUR SCHON DA WÄREST,
> DASS ICH ES DIR ALLES ZEIGEN KÖNNTE!«

Christiane, der barocke Weihnachtsengel

Weimar 1800

Weihnachtsvorbereitungen und eine fleißige Hausfrau –
Eine »geheime« Überraschung: ein Puppentheater für August
– Ein Kistchen aus Frankfurt – Christianes Erwartungen –
Warten auf Goethe – Er kommt nicht – »… wenn du morgen
nicht hier bist, so ist der ganze Spaß nichts« –
Weihnachtsduft – Die Wunderwelt des Puppentheaters –
Goethe kommt, wenn auch krank und verspätet

Christiane Vulpius

»Wenn Du nur schon da wärest,
daß ich es Dir alles zeigen könnte!«

*D*ezember 1800. Goethe ist in Jena, um die Über-
setzung des »Tancred« (Trauerspiel in fünf Auf-
zügen nach Voltaire) in Ruhe zu Ende zu bringen.

Christiane hat alle Hände voll zu tun.

»Ich kann Dir heute weiter nichts schreiben, als daß ich mich
recht wohl befinde und mich mit dem Weihnachten beschäftige…«, teilt sie ihrem Mann nur kurz mit, und Sohn August
schreibt in seiner Beilage, daß er einen ersten Versuch auf
Schlittschuhen machen will – »ich muß mir aber erst Bänder
daran kaufen.«

Goethe kommt inzwischen mit seiner Arbeit gut voran, wie
immer hat er dabei seine Wünsche, diesmal sind es »vier
Bouteillen rothen Wein«, die Christiane ihm schicken soll, und
er werde Nachricht geben, wann er den Wagen wünsche. Ein
Theater für den kleinen August ist vorbereitet, und er notiert
in einem Briefkonzept für Christiane darüber: »… ich habe
schon mit Götzen gesprochen, der mir helfen will, das Portal
und die Straßendecoration zu malen, womit ich denn etwa
heut über acht Tage Abends anlangen werde.«

Alles scheint in bester Ordnung, der Vater wird also pünkt-
lich zum Weihnachtsfest eintreffen.

Christiane in Weihnachtsvorbereitungen. Im Haus am
Frauenplan wartet eine Menge Arbeit auf sie. Aber auch eine
große, vorweihnachtliche Freude ist zu berichten: »Heute,
mein Lieber, ist das Kistchen von Frankfurt angekommen, ich
habe mich sehr gefreut!«

Sie ist der gute Engel vom Frauenplan und ihre Freude an

dem »Kistchen« aus Frankfurt ist auch heute noch spürbar; dann zählt sie auf, was sie alles enthält:

»... 20 Ellen seidenes Zeug..., ein Paar schöne Schuh..., ein Paar seidene Strümpfe..., schöne Spitzen..., für August sehr schönes Tuch... und Knöpfe für eine Weste.« Christiane ist begeistert – »Die gute Mutter!« plaudert sie brieflich mit ihrem Mann, »... es kostet ihr gewiß viel, denn es ist alles sehr schön.«

Mutter Aja in Frankfurt sorgt für weihnachtliche Einstimmung, wie jedes Jahr kommen ihre Geschenke rechtzeitig an. Christiane, ganz Frau, wünscht sich nur, Goethe wäre in Weimar – »Wenn Du nur schon da wärest«, seufzt sie, »daß ich es Dir alles zeigen könnte! Ich habe eine sehr große Freude darüber!«

Ihre kindliche Begeisterung ist unverfälscht, nebenbei ist sie tatkräftig und schreckt vor keiner Arbeit zurück. Zu Weihnachten hat sie noch einiges vor. Sie braucht Stoffe, um alles schön herzurichten, und listig schreibt sie weiter:

»Nun wünschte ich nur, der heilige Christ verlör in Jena 10 Ellen weißen Halb-Atlas, die Elle zu 12 Groschen, das wären 5 Thaler; das wäre dem heiligen Christ ein Leichtes. Oder nur 5 und $^1/_2$ Elle Calico-Halb-Atlas, das wäre nur 2 Thaler 18 Groschen, die Elle zu 12 Groschen.«

Da die Zeit allerdings drängt, fügt sie noch an:

»Das müßte der heilige Christ aber bald verlieren; solltest Du ihm etwa unverhofft begegnen, so kannst Du mit ihm darüber sprechen.«

Gutmütig wie sie ist, bittet sie ihn noch, er möge nicht böse werden, daß sie ihn damit belästige und versichert: »... ich werde auch nicht böse, wenn es mir abgeschlagen wird.« Dann denkt sie an ihr Söhnchen August und erinnert ihn:

»Du mußt aber ja mit dem Theater den Mittewoch kommen, denn sonst könnte ich dem Gustel gar keinen Spaß machen, weil ich weiter nichts zu spielen habe.«

Doch die Arbeit ruft wieder, viele Dinge sind noch zu erledigen. Und deshalb bittet sie ihn auch im nächsten Brief, er möge doch schon am Dienstag kommen – »... es ist besser als den heilig Abend. Wir haben doch noch allerhand zu sprechen.«

Christiane hat sich um alles zu kümmern; immer gibt es noch zusätzlich kleine Besorgungen zu machen, etwas zu schicken, etwas auszurichten.

August weiß, daß sein Vater in den nächsten Tagen kommen wird.

»Meine liebe Mutter hat mir gesagt«, schreibt er in seiner Briefbeilage, »daß Sie auf den Montag den Wagen haben wollen, dieß hat mich sehr gefreuet, denn nun werden Sie wohl den Weihnachten bei uns sein.«

Inzwischen ist es Dienstag, der 23. Dezember 1800. Alles ist vorbereitet. Weihnachtsduft im Haus, die Kuchen sind gebacken. Die Stuben sind sauber und weihnachtlich geschmückt.

Warten auf Goethe. Der Tag wird sehr lang. Die letzten Arbeiten sind erledigt. Zum Weihnachtsglück fehlt nur noch der Hausherr.

Nur – Goethe kommt nicht. Die Enttäuschung ist groß. Schließlich, am Abend, als keine Hoffnung mehr besteht, setzt sich Christiane hin, nimmt ihr Schreibzeug: »Da es freilich nicht möglich war«, beginnt sie traurig, »daß Du kommen konntest, so muß ich mich darin schicken; aber betrübt bin ich doch, denn wenn Du morgen nicht hier bist, so ist der ganze Spaß nichts. Das Theater ist aber sehr schön und der Gustel wird sich recht freun. Meine Schüttchen [Advents- bzw. Christstollen] sind mir dießmal auch nicht so gut geraten wie sonst.«

Sie ist sehr müde und traurig, vergißt aber nicht, ihm mitzuteilen, daß Mutter Aja aus Frankfurt noch eine Schachtel Konfekt geschickt hat.

Das Theater immerhin ist da, sehr schön ist es geworden. Goethe hat es zusammen mit dem Jenaer Straßenbaukondukteur Götze, seinem ehemaligen Diener und Schreiber, hergestellt, ein Puppentheater mit allerlei Dekorationen, mit Bildern und verschiedenen Szenerien.

August ahnt noch nichts von seinem Geschenk und von den Spielmöglichkeiten; zu sehen sind etwa ein ägyptischer Tempel, ein Kerker, Gewölbe, Inneneinrichtungen in verschiedenen Farben, Türen, die man öffnen kann, eine Straßenszene in italienischem Stil – auch eine Kirche im Hintergrund.

Der kindlichen Phantasie sind kaum Grenzen gesetzt – eine Felsenlandschaft mit mächtigen Felsgruppen gehört dazu, ein Bach, der sich durch die Landschaft schlängelt, eine kleine Brücke; außerdem noch eine Seenlandschaft, im Hintergrund ein Schloß mit dickem Turm.

Auch ein dörfliches Idyll ist vorhanden – ein Dorf mit sauberen Häusern, ein Bauer, der seine Kuh treibt, und kleine Wagen, die hin und her fahren können.

Dann wieder kleine Gondeln für eine ganz andere Szenerie, dazu Gondoliere, die sich bewegen und auch Schwäne, die die Hälse heben und senken können.

Welch eine Wunderwelt für ein Geburtstagskind, das an Weihnachten des Jahres 1800 gerade elf Jahre alt wird! Sogar der Himmel ist nicht vergessen – eine Wolkenmaschine kann bestaunt werden, beim Auseinanderklappen zeigt sie einen Muschelthron!

Aber das schönste Theater ersetzt noch keinen Vater. Christiane und August warten ungeduldig auf ihn, ohne ihn kommt keine rechte weihnachtliche Freude auf.

Schließlich kommt er dann doch noch, wenn auch verspätet, am 26. Dezember, kann seinem kleinen Sohn die Herrlichkeiten des Theaters vorführen und erklären, denn Kinder brauchen nun mal »Komödien und Puppen«. Das Weihnachtsfest des Jahres 1800, das letzte im alten Jahrhundert, ist somit gerade noch gerettet im Hause Goethe, oder wenigstens ein kleiner Rest davon.

Weihnachten im Salon

Weimar 1806

Man unterhielt sich beim Tee, zeichnete, spielte Klavier
und sang dazu – Christiane wird vorgestellt: »... wenn Goethe
ihr seinen Namen gibt, können wir ihr wohl eine Tasse Tee
geben.« – Bald ein beliebter Treffpunkt – Weihnachten –
Goethe, der Kinderfreund – Gespenstergeschichten
und das Gruseln der kleinen Bardua

Johanna und Adele Schopenhauer

Johanna Schopenhauer:
»Goethe ist ein unbeschreibliches Wesen...«

Johanna Schopenhauer war 1806 als Witwe im Alter von vierzig Jahren nach Weimar gekommen, mit der erklärten Absicht, einen Salon zu gründen und der nicht gerade allzu bescheidenen Hoffnung, »wenigstens einmal in der Woche die ersten Köpfe in Weimar, und vielleicht in Deutschland, um meinen Teetisch zu versammeln und im Ganzen ein sehr angenehmes Leben zu führen.«

Stephan Schütze, Autor und Weimarer Hofrat, schreibt später: »Kein Fremder von einiger Bedeutung reiste fortan durch Weimar, der sich nicht in die Schopenhauersche Gesellschaft führen ließ, so daß sie bald in den Reisebüchern und Geographien mit zu den Merkwürdigkeiten der Stadt gezählt wurde.«

An der Esplanade, in der Nähe des Theaters, hatte sie eine Wohnung gemietet; sie wird als äußerst geschmackvoll eingerichtet beschrieben, mit warmen Teppichen, seidenen Vorhängen, großen Spiegeln und schönen Mahagonimöbeln. Hier traf man sich schon bald regelmäßig, unterhielt sich beim Tee, zeichnete, spielte Klavier und sang dazu. Goethe äußerte sich sehr positiv darüber: »Bei Frau Hofrat Schopenhauer«, meinte er anerkennend, »sind der Donnerstag und der Sonntag jeder auf seine Art interessant...«

Kurze Zeit nach der Ankunft der Schopenhauer in Weimar heiratete Goethe seine Christiane, deren Spießrutenlaufen durch die Weimarer Gesellschaft mit diesem formalen Akt erst recht begann. Johanna Schopenhauer war eine der wenigen, die Christiane bereitwillig und vorurteilslos aufnahmen, von ihr stammt auch der inzwischen berühmte Satz: »… wenn Goethe ihr seinen Namen gibt, können wir ihr wohl eine Tasse Tee geben.«

Goethe, so berichtet sie selbst später über den gemeinsamen Besuch des Ehepaares Goethe, »blieb fast zwei Stunden und war so gesprächig und freundlich, wie man ihn seit Jahren nicht gesehen hat.«

Johanna Schopenhauer war aber keineswegs nur Salondame, sondern auch Malerin und eine begabte Schriftstellerin, die sich allerdings, ähnlich wie Goethe, über Orthographie und Interpunktion keine allzu großen Gedanken machte. Bekannt wurden ihre »Erinnerungen einer Reise durch England und Schottland in den Jahren 1803–1805«, weitere Reisewerke und auch der Roman »Gabriele«, über den Goethe urteilte, er setze »ein reiches Leben voraus und zeige große Reife einer daher gewonnenen Bildung«.

Bei der Mutter lebte die Tochter Adele, eine enge Freundin Ottilies von Goethe, die jede Gemütsaufwallung der Freundin mitmacht und mit ihr leidet; ihr Sohn Arthur, wenn er zu Hause ist, trägt, im Gegensatz zu Adele, nicht zum Wohlbefinden der Mutter bei; das schlechte Verhältnis beider zueinander ist stattsam bekannt, genährt von Eifersüchteleien und von heftigen Temperamentsausbrüchen begleitet, von denen beide nicht frei waren.

Nachdem er einmal drei Tage zu Besuch war, schreibt sie ihm: »Sieh, lieber Arthur, Du bist nur auf Tage bei mir zum Besuch gewesen, und jedesmal gab es heftige Szenen um nichts und wieder nichts, und jedesmal atmete ich erst frei, wenn Du weg warst…«

Aber das Verhältnis Mutter – Sohn steht hier nicht zur Debatte. Hören wir Johanna Schopenhauer, die ihr erstes Zusammentreffen mit Goethe schildert:

»Den 12ten (Oktober) besuchte mich erst Bertuch… Kurz darauf meldete man mir einen Unbekannten. Ich trat ins

Vorzimmer und sah einen hübschen ernsthaften Mann im schwarzen Kleide, der sich tief mit vielem Anstande bückte und mir sagte: ›Erlauben Sie mir, Ihnen den Geheimen Rat Goethe vorzustellen.‹ Ich sah im Zimmer umher, wo der Goethe im Bildnisse wäre; denn nach der steifen Beschreibung, die man mir von ihm gemacht hatte, konnte ich in diesem Manne ihn nicht erkennen. Meine Freude und meine Bestürzung waren gleich groß, und ich glaube, ich habe mich deshalb besser benommen, als wenn ich mich darauf vorbereitet hätte. Als ich mich wieder besann, waren meine beiden Hände in den seinigen, und wir auf dem Wege nach meinem Wohnzimmer. Er sagte mir, er hätte schon gestern kommen wollen; beruhigte mich über die Zukunft und versprach, wieder zu kommen.«

Schon bald ist sie zum Gegenbesuch bei Goethe eingeladen; einmal sieht sie ihn auch böse.»… Sein Sohn, eine Art Tapps«, erzählt sie, »zerbrach mit großem Geräusch ein Glas. Goethe erzählte eben etwas und erschrak über den Lärm so, daß er aufschrie, ärgerlich darüber sah er den August nur einmal an, aber so, daß ich mich wunderte, daß er nicht untern Tisch fiel…«

Aber Goethe ist öfter bei ihr als sie bei ihm.

Schon im ersten Jahr ihrer Ankunft in Weimar, wird ihr Salon ein beliebter Treffpunkt, und stolz berichtet sie:

»… Der Zirkel, der sich sonntags und donnerstags um mich versammelt, hat wohl in Deutschland und nirgends seinesgleichen; könnte ich Dich doch nur einmal herzaubern! Goethe fühlt sich wohl bei mir und kommt recht oft. Ich habe einen eigenen Tisch mit Zeichenmaterialien für ihn in eine Ecke gestellt. Diese Idee hat mir sein Freund Meyer angegeben. Wenn er dann Lust hat, so setzt er sich hin und tuscht aus dem Kopfe kleine Landschaften, leicht hingeworfen, nur skizziert, aber lebend und wahr wie er selbst und alles, was er macht. Welch ein Wesen ist dieser Goethe! wie groß und wie gut! Da ich nie weiß, ob er kommt, so erschrecke ich jedesmal, wenn er ins Zimmer tritt; es ist, als ob er eine höhere Natur als alle übrigen wäre; denn ich sehe deutlich, daß er denselben Eindruck auf alle übrigen macht, die ihn doch weit länger kennen und ihm zum Teil auch weit näher stehen als ich. Er selbst ist immer ein wenig stumm und auf eine Art verlegen, wenn er kommt, bis er die Gesellschaft recht angesehen hat, um zu wissen, wer da ist. Er setzt sich dann immer dicht neben mir, etwas zurück, so daß er sich auf die Lehne von meinem Stuhle stützen kann; ich fange dann zuerst ein Gespräch mit ihm an, dann wird er lebendig und unbeschreiblich liebenswürdig. Er ist das vollkommenste Wesen, das ich kenne, sehr sorgfältig gekleidet, immer schwarz oder ganz dunkelblau, die Haare recht geschmackvoll frisiert und gepudert, wie es seinem Alter ziemt, und ein gar prächtiges Gesicht mit zwei klaren braunen Augen, die mild und durchdringend zugleich sind. Wenn er spricht, verschönert er sich unglaublich; ich kann ihn dann nicht genug ansehen. Er spricht von allem mit, erzählt immer zwischendurch kleine Anekdoten, drückt niemand durch seine Größe. Er ist anspruchslos wie ein Kind; es ist unmöglich, nicht Zutrauen zu ihm zu fassen, wenn er mit einem spricht, und doch imponiert er allen, ohne es zu wollen. Letztens trug ich ihm seine Tasse Tee zu, wie das in Hamburg gebräuchlich ist, daß sie nicht kalt würde, und er küßte mir die Hand; in meinem Leben habe ich mich nicht so beschämt gefühlt; auch alle, die in der Nähe waren, sahen mit einer Art Erstaunen zu. Es ist wahr, er sieht so königlich aus, daß bei ihm die gemeinste Höflichkeit wie Herablassung erscheint, und er selbst scheint das gar nicht zu wissen, sondern geht so hin in seiner stillen Herrlichkeit wie die Sonne.«

Die Weihnachtszeit naht – Goethe besucht den Salon der Madame Schopenhauer regelmäßig und fühlt sich dort durchaus wohl. Sogar am ersten Weihnachtsfeiertag erscheint er, spielt mit den Kindern, läßt sich »Adelens Herrlichkeiten« zeigen, die Puppen vorführen, unterhält sich angeregt und erzählt schließlich eindrucksvoll spannende und gruselige Gespenstergeschichten.

Anfang des Jahres 1807 berichtet Johanna Schopenhauer dem Sohn Arthur über die Weihnachtserlebnisse mit Goethe: »*Weimar, den 5. Januar 1807...* Goethe ist ein unbeschreibliches Wesen, das Höchste wie das Kleinste ergreift er, so saß er denn den ersten Feiertag eine lange Weile im letzten meiner drei Zimmer mit Adelen und der jüngsten Conta, einem hübschen unbefangenen 16jährigen Mädchen, wir sahen von weitem der lebhaften Konversation zwischen den dreien zu, ohne sie zu verstehen, zuletzt gingen alle 3 hinaus und kamen lange nicht wieder. Goethe war mit den Kindern in Sophiens Zimmer gegangen, hatte sich dort hingesetzt und sich Adelens Herrlichkeiten zeigen lassen, alles Stück vor Stück besehen, die Puppen nach der Reihe tanzen lassen, und kam nun mit den frohen Kindern und einem so lieben milden Gesicht zurück, wovon kein Mensch einen Begriff hat, der nicht die Gelegenheit hat, ihn zu sehen, wie ich. Ihn freut alles, was natürlich und anspruchslos ist, und nichts stößt ihn schneller zurück als Prätension. Wir hatten den Abend nichts zu lesen; ein Aufsatz über die verschiedenen Mundarten der italienischen Sprache, welchen Fernow mit der ihm ganz eigenen Grazie und Klarheit geschrieben und vorgelesen und der uns einige Abende hindurch unterhalten hatte, war aus... Also kam es dann wieder in mein Ausschneiden, wofür Goethe sich lebhaft interessiert. Mein Ofenschirm ist in voller Arbeit... Ich fabrizierte den Abend noch mit Meyern einen transparenten Mondschein; denn Meyer muß immer so etwas vorhaben; die übrigen standen umher und konversierten im zweiten Zimmer; Conta und die Bardua sangen zwischendurch ein Liedchen, und Goethe ging ab und zu, bald an meinen Tisch, wo ich mit Meyern arbeitete, bald nahm er teil an jenem Gespräch. Mit einem Male kam man, ich weiß nicht wie, dort auf den Einfall, die Bardua, die sich ohnehin leicht graut, mit Gespenstergeschichten angst zu machen. Goethe stand gerade hinter mir. Mit einem Male machte er ein ganz ernsthaftes Gesicht, drückte mir die Hand, um mich aufmerksam zu machen, und trat nun gerade vor die Bardua und fing eine der abenteuerlichsten Geschichten an, die ich je hörte; daß er sie auf der Stelle ersann, war deutlich, aber wie sein Gesicht sich belebte, wie ihn seine eigene Erfindung mit fortriß, ist unbeschreiblich. Er sprach von einem großen Kopf, der alle Nacht oben durchs Dach sieht; alle Züge von dem Kopf sind in Bewegung; man denkt die Augen zu sehen, und es ist der Mund, und so verschiebt sich's immer, und man muß immer hinsehen, wenn man einmal hingesehen hat. Und dann kommt eine lange Zunge heraus, die wird immer länger und länger, und Ohren, die arbeiten, um der Zunge nachzukommen, aber die können's nicht. Kurz, es war über alle Beschreibung toll, aber von ihm muß man's hören und besonders ihn dazu sehen. So ungefähr muß er aussehen, wenn er dichtet...«

»DA DIE CHRISTFEYERTAGE HERAN NAHEN ...«

Mutter Ajas Fürsorge
für die Lieben in Weimar

Frankfurt am Main 1807

Ein hohes Lob der Mutter Aja – (Fast) immer zufrieden
und vergnügt – »Hier kommt das Christgeschenck ...« –
Die Russen in Frankfurt, »lauter schöne höfliche,
wohlgezogne Leute« – »Hir schneidts wie in Lappland« –
Alle Werke des Sohnes zu Weihnachten ausgeliehen –
Mutter Aja wohlgemut

Catharina Elisabeth Goethe

Da die Christfeyertage heran nahen ...«

*E*in hohes Lob der Mutter Aja. Ohne Vorbehalte hat sie von Anfang an Christiane in ihr Herz aufgenommen, ob nun verheiratet mit ihrem Hätschelhans oder nicht, da denkt sie für die Zeit erstaunlich vorurteilsfrei und »modern«. Immer schickt sie etwas nach Weimar, denn der Sohn läßt sich so gut wie nie in Frankfurt blicken, immer ist sie bemüht, ihren Lieben eine Freude zu machen.

Mal ist es das von Goethe gewünschte »Spaa Wasser«, das sie »frank und frei« nach Weimar schickt, dann wieder Eßkastanien, Spielzeug für den kleinen August oder ein Kleid für Christiane, »das zu einem Überzug vor Ihren Peltzrock sehr schicklich ist.«

Immer ist sie beschäftigt: Theater, Briefe, Gespräche. Auch kommen Leute, die die Mutter Goethes sehen wollen – denn, wie sie spöttisch schreibt: »... da nun ein großer theil deines Ruhmes und Rufens auf mich zurück fält, und die Menschen sich einbilden ich hätte was zu dem großen Talendt beygetragen ...« –, besuchen sie hin und wieder Leute in Frankfurt, denen sie stets auf ihre unbefangene Art entgegentritt.

Immer scheint sie vergnügt; Obst hat sie in diesem Jahr die »Hüll und Füll« gehabt – »zum Eßen wars zu viel zum Verkaufen zu wenig da habe ich denn brav in Bouteillien eingemacht...«

Rechtzeitig denkt sie auch in diesem Jahr (1807) an Weihnachten.

»Liebe Tochter«, schreibt sie in ihrer unbekümmerten Orthographie an Christiane – »Da die Christfeyertage heran

nahen; so mögte gerne wißen mit was ich Euch meine Lieben
eine kleine Freude machen könte – Augst soll dißmal beßer
bedint werden als vorm Jahr – mit Schrecken und Verdruß
habe vernommen, daß das Tuch so Miserabel ausgefallen war,
dem soll vorgebeugt werden – sachverständige sollen/: im Fall
es wieder etwas von Tuch seyn soll:/ es besorgen – bitte was
der Liebe Augst auswählt – Ehlen maß und Farbe genau zu
bestimmen. Vor Ihnen Liebe Tochter hab ich im Sinn ein Kleid
das Sie zum Staate tragen könnten – nur ersuche Ihnen mir
Ihre Lieblings Farbe anzugeben – (...) Ich erwarte demnach
über obiges bald eine bestimte Antwort.«

Dann beklagt sie allerdings noch, daß sie lange, lange – nichts
von den Lieben in Weimar gehört habe und erzählt, daß »der
große Reißende« Alexander von Humboldt sie besucht habe.

Schon im nächsten Brief kann sie melden: »Hier kommt das
Christgeschenck…« Sie hofft, daß alle Gefallen daran finden
werden und kündigt an, daß sie den »Confect« einige Tage später schicken werde. Vor acht Tagen hatten sie Russen zur
Einquartierung gehabt, es seien aber »lauter schöne höfliche,
wohlgezogne Leute« gewesen. Sie selbst hatte »zwey junge
überaus liebe Menschen«, die Russen seien auch überall in der
Stadt »mit Liebe und Freundlichkeit« aufgenommen worden,
ein Hinweis über die Briefadressaten hinaus auch für Maria
Paulowna, Schwester des Zaren und Erbprinzessin von Sachsen
Weimar. Es ist inzwischen etwa zehn Tage vor Weihnachten,
das Wetter in Frankfurt ist entsprechend winterlich und Mutter
Aja schreibt vergnügt:

»Hir schneidts wie in Lappland meinetwegen mag es schnei-
en oder haglen, ich habe zwey warme Stübger und ist mir
gantz behaglich – bey so stürmischem Wetter bleibe ich zu
Hauß, wer mich sehen und hören will muß mir eine Kutsche
schicken – und so gantz allein Abens zu Hauße ist mir eine
große Glückseligkeit.«

»Frau Aja! Frau Aja!« ermahnt sie sich dann aber selbst –

»Wenn du einmahl in Zug komst seys Schwatzen oder Schreiben; so gehts wie ein aufgezogener Bratenwender...«. Letzteres ein ganz lustiger Vergleich für eine grundsätzlich fröhliche Frau, was nicht ausschließt, daß auch sie ihre melancholischen Stunden hatte.

Weihnachten selbst schickt sie dann noch ein »Käppgen« von der »Demoiselle Meline Brentano« nach Weimar – »nebst vielen hertzlichen Empfehlungen.«

Sie hofft natürlich, daß »Christkindlein und Confect« inzwischen angekommen sind, weist noch vorsorglich darauf hin, daß man »auf Order der neuen Einrichtung der Postwägen« die Sachen »nicht mehr gantz Franckirt nach Weimar schicken« könne, »sondern nur biß Hersfeld.« »Dieses«, fügt sie augenzwinkernd hinzu, »nur zur Nachricht damit Ihr nicht etwan dencken möget die Mutter wäre so muunsterhaft und ließe vor ihre kleine Geschencke das Porto bezahlen.«

Stolz erzählt sie noch, daß über die Weihnachtsfeiertage alle Werke ihres Sohnes ausgeliehen seien, weil die Freunde glaubten – »und zwar mit recht – daß sie sich die 3 Feyertage nicht beßer unterhalten könten.«

Mutter Aja wohlgemut – sie sitzt allein in ihrem Stübchen zu Weihnachten, oder empfängt auch Freunde – ihre Gedanken aber sind wie stets – so auch an diesem Weihnachtsfest – bei ihren Lieben in Weimar.

»Mit Schellengeklingel und Peitschengeknall«

Weimar 1814

Ottilie und August – Da war auch ein Ritter –
»Und hatte gewendet, ganz Herz und Sinn,/
Zu seiner Dame im Schlitten hin.«

Eisfahrt auf den Schwansee-Wiesen

»Mit Schellengeklingel und Peitschengeknall«

Beliebt waren Eislaufen und Schlittenfahrten in Weimar zur Winterszeit. Auch Goethe nahm gelegentlich
den Schlitten, ließ sich kutschieren, hatte seinen Spaß an dem
Wintervergnügen.

Ottilie, die spätere Schwiegertochter, muß zumindest zeit-
weise auch Vergnügen daran gefunden haben.

In einer Beilage zum Brief an die Mutter findet sich ihr fol-
gendes Gedicht:

> »Huro! ging's durch die Gassen! ›Fort‹ scholl's überall,
> Mit Schellengeklingel und Peitschengeknall;
> Die Ritter in vielfach gestalteten Schlitten,
> Bei Frauen und Mädchen gar höchlich gelitten,
> Sie fuhren die Straßen herauf und herab,
> Und jeder der holte fein's Liebchen sich ab. —
> Und als d'rauf in herrlich geordneten Reih'n
> Der Zug sich bewegte — da konntest Du weih'n
> Das Auge an Schönheiten jeglicher Art;
> An Frauen so rosig, so hold und so zart,
> An sanften Blondinen und schmachtenden Augen,
> Und Andern, die nur zum Scherze sich taugen; —
> Da war auch ein Ritter, der schaute zurück
> Gar oft mit sehnlich verlangendem Blick,
> Und hatte gewendet, ganz Herz und Sinn,
> Zu seiner Dame im Schlitten hin.
> Sie kos'ten der Wörtchen gar manche und viele,
> Doch wenig verstand von dem Liebesspiele

Ein junges Röschen; als Ehrendame
(Caroline Schiller ist ihr Nahme)
War sie den Beiden zugesellt,
Wegen der bösen Zungen in der Welt.
Darauf nach vergnüglichem Tanze und Schmaus,
Fuhr jeder zufrieden und heiter nach Haus; –
Ihr ruft mir zu: › Wie ward es, sprecht,
Wie ward es mit dem Schlittenrecht? ‹
Doch, wenn sich zwei Verliebte küssen,
So braucht es die ganze Stadt nicht gleich zu wissen,
Drum laß ich den Schleier darüber fallen,
Und bin des Beifalls sicher von Allen! –«

Der Ritter, der sie mit »sehnlich verlangendem Blick« anschau-
te, war vermutlich August von Goethe; die sich anbahnende
Beziehung gestaltete sich mehr als schwierig, die folgende Ehe
ist mit »unglücklich« nur unzureichend beschrieben. Aber wie
gut, daß das während dieser Schlittenfahrt noch niemand
ahnte.

»Huro! ging's durch die Gassen!«
Stadtschlittenfahrt am Jakobsplan

»Eva, verziehen sei dir...!«

Eine Weihnachtsfeier mit Überraschungen

Jena 1814

»In Deutschland herrscht die Sitte...« –
Baumplünderer am Werk – Goethes Reaktion

»Eva, verziehen sei dir ...!«

*G*oethe ist zu einer Weihnachtsfeier bei Georg Wilhelm Lorsbach, dem Theologen und Professor für orientalische Sprachen, in Jena eingeladen. Eine fast anekdotenhafte Erzählung darüber verdanken wir Jan Kollar, dem tschechischen Dichter und Altertumsforscher.

»In Deutschland«, beginnt Kollar seine Aufzeichnungen, »herrscht die Sitte, daß am Weihnachtsabend die Eltern den Kindern einen mit Bändern, Kerzen, Obst geschmückten Baum bescheeren.«

Lorsbach, erzählt Kollar weiter, hatte »eine einzige, schon erwachsene Tochter« und hatte für sie »im Nebenzimmer einen solchen schönen Weihnachtsbaum mit Äpfeln und anderen Geschenken« vorbereitet. »In einem andern Zimmer wurde indessen musiziert, gesungen, Karten gespielt, mit Goethe gesprochen; aber dabei stahlen sich zwei schelmische Kumpane durch eine andere Türe in das verschlossene Nebenzimmer, beraubten den Baum aller seiner Äpfel und Nüsse, und kehrten, als wäre nichts geschehen, in die Gesellschaft zurück. Schlag 7 kam der Vater, die Tochter an seiner Seite führend, öffnete die Tür und lud die Gesellschaft zum Eintreten in jenes Zimmer mit dem Weihnachtsbaum ein.«

Aber was war das? »Wie stutzten und erstarrten alle, da der Baum kahl und leer mitten im Zimmer stand.«

Der verdutzte Vater, die erschrockene Tochter.

Und Goethe? Der »blieb vor dem Baume mit auf der Brust verschränkten Händen sinnend stehen, und die ganze Gesellschaft wurde still und wartete, was Goethe dazu sagen würde. Der aber öffnete die Lippen und rief mit scherzhaft pathetischer Stimme:

»Eva, verziehen sei dir, es haben ja Söhne der Weisheit
Rein geplündert den Baum, welchen der Vater gepflanzt.«

Und da heißt es immer, der Humor käme zu kurz bei Goethe; mitnichten, die Reaktion der Beteiligten beweist es. »Freudiges Händeklatschen, Lachen und Scherze ertönten allseits bei diesen witzigen Versen und verschönerten den ganzen Abend bis in die späte Nacht.«

Und die Tochter? Nun, sie wird es verkraftet haben, immerhin war sie ja schon erwachsen!

Ein weihnachtliches Geburtstagskind

Charlotte von Stein

Weimar 1814 und 1815

Eine Seelenliebe – Ein achselzuckender Ehemann –
Goethe, ein »schöngeistiger Minnesänger«? –
Schlagartige Veränderungen nach der Rückkehr aus Italien –
Sehr langsame Wiederannäherung – Weihnachtlicher
Austausch: »Gegen soviel schöne Dinge…«

Ein weihnachtliches Geburtstagskind

*W*ie der Geburtstag des Sohnes August, fiel auch der Geburtstag der langjährigen Freundin, Charlotte von Stein, auf den 25. Dezember, also genau auf das Weihnachtsfest. Charlotte von Stein, in der Anfangsphase Goethes in Weimar unbestritten die wichtigste Bezugsperson für ihn, hat einen besänftigenden Einfluß auf den durchaus noch flegelhaften jungen Mann.

Sie war sieben Jahre älter als Goethe und siebenfache Mutter; von ihren Kindern hatten nur die drei Söhne überlebt. Ihre Ehe mit dem Oberstallmeister Josias von Stein läßt sich allenfalls als ein vereinbartes und toleriertes Nebeneinander-Her-Leben bezeichnen.

Der Ehemann mag die sich anbahnende Freundschaft zu Goethe achselzuckend toleriert haben, vielleicht ist es auch richtig, daß er ihn zunächst als einen harmlosen, »schöngeistigen Minnesänger« ansah.

In den Jahren bis zur »Italienischen Reise« gehen Hunderte von Briefchen und »Zettelgen« hin und her, werden Geschenke ausgetauscht und Gartenerzeugnisse überbracht.

Charlotte von Stein

Es ist bekannt, daß sich das liebevolle Verhältnis, eine »Seelenliebe«, nach Goethes Rückkehr schlagartig ändert – Christiane trat in Goethes Leben, und 1789 wurde der gemeinsame Sohn August geboren.

Nach eisigem Schweigen, nur unterbrochen von gelegentlichen (zynischen) Bemerkungen, die die Verletzungen nur allzu deutlich zeigen, nähern sich Goethe und Charlotte Jahre später langsam wieder einander an.

Goethes Weihnachts- und Geburtstagsgedicht für Charlotte, überreicht zum Weihnachtsfest 1814, zeigt einen neuen Stand in ihrer Beziehung – man achtet einander, toleriert die Verhältnisse so wie sie sind.

Ganz offensichtlich hat Charlotte Geschenke zu Weihnachten geschickt, und Goethe antwortet:

>> *Gegen soviel schöne Dinge*
Weis ich nicht was ich dir bringe.
Späne, die sich leicht entzünden,
Licht, in dunckler Nacht zu finden;
Becher, die den Wein verbessern,
Feinde von gefüllten Fässern;
Süßigkeit auf Süßigkeiten!
Alles kann nur Glück bedeuten,
Welches all, im nächsten Jahre,
Holde Geberinn, erfahre.<<

Ein weihnachtlicher Austausch. Goethe und Charlotte von Stein hatten sich arrangiert; auch spätere Glückwünsche, zu Geburtstagen und anderen Gelegenheiten, zeigen, daß man sich um ein gutes, nachbarschaftliches Verhältnis bemühte.

Auch im nächsten Jahr wird das nicht vernachlässigt. Der besondere »Glücksfall« – die Betroffenen mögen das durchaus anders sehen –, Geburtstag und Weihnachten an einem Tag feiern zu können, wird von Goethe liebevoll hervorgehoben, zumal auch sein Sohn August zu den »Auserwählten« gehört.

Goethes Gedicht »An ein Weihnachtskind«, zum 25. Dezember 1815, gilt also in erster Linie Charlotte und August:

Gegen [...] schöne Dinge
Weiß ich nichts als ich sie bringe,
Sterne, die sich [...] entzünden,
Lust, in dunkler Nacht zu finden;
[...] die den Alten [...],
[...] von gefülltem [...] ich
[...] auf [...]
Alles kann uns [...] bedeuten,
[...] all, wie [...] Hafen,
Leben, [...], [...]

Weimar
d. 26 Dez.
1814.

J. W. Goethe

»Daß du zugleich mit dem heiligen Christ
An diesem Tage geboren bist,
Und August auch, der werthe schlanke,
Dafür ich Gott im Herzen danke,
Dieß giebt, in tiefer Winters-Zeit,
Erwünschteste Gelegenheit
Mit einigem Zucker Dich zu grüßen
Abwesenheit mir zu versüßen,
Der ich, wie sonst, in Sonnenferne
Im Stillen liebe, leide, lerne.«

Goethe verstand es auch hier, ein »Poetisch Zuckerbrot zum Fest« zu bereiten, wie es in seinem Gedicht »Christgeschenk« heißt.

Er konnte sicher sein, daß die weihnachtlichen Geburtstagskinder Verse und Gaben nicht verschmähen würden.

Daß Du zugleich mit dem heilgen
Christ
An diesem Tage geboren bist,
Und August auch der werthe
Schlange,
Dafür ich Gott im Herzen danke,
Dies giebt in tiefer Winterszeit
Erwünschteste Gelegenheit
Mit einigem Zucker Dich zu
grüßen
Abwesenheit mir zu versüßen,
Der ich, wie sonst, in Sonnenferne
Im Stillen liebe, leide, lerne.

am 25 Dec.
1815.

Goethe

UND DAS NICHT NUR ZUR WEIHNACHTSZEIT...

Essen und Trinken
bei Goethe

»Ich habe gespeiset...« – Kaltschale, Gemüse
und Artischocken – »Ein Liebchen ist der
Zeitvertreib...« – Fleisch und Wild, Fisch und Wein –
Holtei und seine Vorlieben – »Der Alte sprach
viel und trank nicht wenig.«

Und das nicht nur zur Weihnachtszeit...

»Ich habe gespeiset, nun speis' ich erst gut!
Bei heiterem Sinne, mit fröhlichem Blut
Ist alles an Tafel vergessen.
Die Jugend verschlingt nur, dann sauset sie fort;
Ich liebe zu tafeln am lustigen Ort,
Ich kost' und ich schmecke bei'm Essen.

Ich habe getrunken, nun trink' ich erst gern!
Der Wein, er erhöht uns, er macht uns zum Herrn
Und löset die sklavischen Zungen.
Ja, schonet nur nicht das erquickende Naß:
Denn schwindet der älteste Wein aus dem Faß,
So altern dagegen die jungen.

Ich habe getanzt und dem Tanze gelobt,
Und wird auch kein Schleifer, kein Walzer getobt,
So drehn wir ein sittiges Tänzchen.
Und wer sich der Blumen recht viele verflicht,
Und hält auch die ein' und die andere nicht,
Ihm bleibet ein munteres Kränzchen.

Drum frisch nur auf's neue! Bedenke dich nicht:
Denn wer sich die Rosen, die blühenden, bricht,
Den kitzeln fürwahr nur die Dornen.
So heute wie gestern, es flimmert der Stern;
Nur halte von hängenden Köpfen dich fern
Und lebe dir immer von vornen.«

Speis' und Trank spielen bei Goethe zeitlebens eine wichtige Rolle, oft genug setzt sie der »heilkundige Dichter« gar zu therapeutischen Zwecken ein.

Mal »regaliert« sich der Reisende mit einer Kaltschale – »deren Ingredienzien ich jedem Reisenden empfehle« –, dann wieder lobt er das Gemüse, nennt Wirsing und Kohlrabi – »wie ich sie in vielen Jahren nicht gegessen«, und ist besonders begeistert von Artischocken, wie auch ein kleines Reisegedichtchen unterstreicht:

> *»Ein Liebchen ist der Zeitvertreib,*
> *Auf den ich jetzt mich spitze*
> *Sie hat einen gar so schlanken Leib*
> *Und trägt eine Stachelmütze.«*

Dazu natürlich Fleisch, zu Weihnachten einen besonders festlichen Braten. Er liebte ein »nach italienischer Art zubereitetes stuffato«, berichtet Friedrich Förster, der Schriftsteller und Historiker, danach »gab es Fisch, Braten (zumeist Geflügel oder Wild) und, wie er erklärte, wegen der Damen eine Süßspeise.«

Zum Dessert zog Goethe selbst englischen oder Schweizer Käse vor, und seine Geselligkeit und Heiterkeit bei Tisch werden von Zeitgenossen immer wieder hervorgehoben.

Goethe zerlegte gewöhnlich den Braten und legte auch schon mal »einer begünstigten Tischgenossin ein ausgesuchtes Stück oder die zierlichste der Forellen vor.«

Wilhelm Grimm, der den Dichter im Dezember 1809

besucht, findet das Mittagessen im Hause Goethe »ungemein splendid«, er erwähnt »Gänseleberpastete, Hasen und dergleichen mehr.«

Auch Karl von Holtei, als Freund des Goethe-Sohnes August oft im Hause am Frauenplan zu Gast, schwärmt von wohlschmeckenden Speisen. »Unter den Gerichten«, erzählt er beispielsweise nach einem Besuch im Jahre 1827, »befand sich eine Schüssel, an der ich mich vorzüglich beteiligte: Püree von Wild mit Spiegeleiern.«

Karl von Holtei fühlt sich schon so »heimisch«, wie er sagt, daß er – bei allem gebotenen Respekt – kräftig zulangt.

Ein Jahr später ist er wieder bei der Familie Goethe in Weimar, und – war es Zufall oder Absicht? – »daß besagte sukkulente Speise sich wieder einstellte«.

Holtei erzählt weiter: »Ich sprach ihr wieder lebhaft zu«, also dem Püree von Wild mit Spiegeleiern, »doch am anderen Tischende wurden bereits die Teller gewechselt. Da richtete Goethe, von dem ich weit entfernt saß, seine Götteraugen auf meinen Teller, gab dem Diener einen Wink, und Zapfe reichte mir noch einmal die Schüssel, zärtlich flüsternd: Der Herr Geheimrat schickt mich.«

Goethe scheute sich auch nicht, bei Tisch selbst etwas zuzubereiten; so berichtet der Jurist und Registrator Johann Christian Schuchardt, daß der Dichter einen Salat »anmachte« und ihm dabei erklärte, »daß er selbst einen neuen Salat erfunden habe aus eingemachten Gurken.«

Als seine geliebten Artischocken dann aufgetragen wurden, und Schuchardt über deren »Behandlungsweise« etwas verlegen war, belehrte Goethe ihn, »wie sie zu essen seien«, und nahm ihm damit seine Scheu vor dem in Weimar und Umgebung doch noch sehr seltenen »Distelgewächs«, mit so unerwartet feinem Gemüse im Blütenkopf; noch dazu galt die Artischocke als Aphrodisiakum.

Zu gutem Essen ein guter Wein!

Aus allen Epochen lassen sich Belege dafür anführen, daß

Goethe diesem edlen Getränk besonders zugeneigt war. »Wenn man getrunken hat,/ Weiß man das Rechte«, heißt es im »Divan«, und im Wein liegen seiner Meinung nach »produktiv-machende Kräfte sehr bedeutender Art«, wie er einmal zu Eckermann sagt, aber: »es kommt dabei alles auf Zustände und Zeit und Stunde an, und was dem einen nützet, schadet dem andern.«

Aber nicht nur Schmeichelhaftes und Maßvolles ist über ihn selbst zu berichten.

»Er trank fleissig, besser noch die Frau«, hatte schon Wilhelm Grimm vermerkt, und Holtei äußerte sich ähnlich: »Der Alte sprach viel und trank nicht wenig.«

Wilhelm von Humboldt, der ihn zu Weihnachten 1826 besucht, notiert überrascht zu den Eßgewohnheiten des Dichters: »Goethe ißt indes doch ziemlich stark. Im Lauf des Vormittags trinkt er ein großes Wasserglas Wein und ißt Brot dazu, und am Weihnachtsfeiertag sah ich ihn des Morgens eine solche Portion Napfkuchen zu dem Wein verzehren, daß es mich wirklich wunderte.«

Johann Wolfgang Goethe
Gemälde von Heinrich Kolbe (undatiert)

An den Mond

Füllest wieder 'Busch' und Thal
Still mit Nebelglanz,
Lösest endlich auch einmal
Meine Seele ganz

Breitest über mein Gefild
Lindernd deinen Blick
Wie der Liebsten Auge, mild
Über mein Geschick.

Das du so beweglich kennst
dieses ... ...
Haltet ... ... Gespenst
An den ... geboren

... ... Kindermacht
... ... still   (a)
Und bey ... ... Herzlich
An den ... gewillt.

Ruhig ... ... Welt
... ...
... Mann ... ... hält
Und mit ihm genießt;

... ...
Oder ... ...
... ...
Wandelt in der Nacht.

»Sie kamen, um zu danken, sehr fröhlich.«

Großvater und Enkel

Weimar 1829 und 1830

Walther, Wolfgang und Alma – Die Kinder und das
Weinglas des Großvaters – »Käferchen« und Krokodilstränen
– Eine Löwenstimme am Fenster – Weihnachtsbäume
und Geschenke – Engel hängen an den Bäumen –
Ein tiefverschneites Weimar – Das Geschenk aus England –
»Rocket« und »Rail Road Company« – Eine
Eisenbahn, die auf dem Kontinent noch niemand
gesehen hat – »Sie kamen, um zu danken, sehr fröhlich.« –
Der Tod in Rom – Ein Zauberkasten für die
Kinder – Ein »Christfest« in verhaltener Trauer

»Sie kamen, um zu danken, sehr fröhlich.«

*G*oethe, der Kinderfreund. Es ist hinreichend belegt, daß Goethe Kinder besonders mochte und liebevoll mit ihnen umging. Was bei seinem einzigen Sohn August sich gelegentlich schwierig gestaltete, ging um so leichter bei den Enkeln.

Es wird berichtet, daß er den beiden Enkeln, Wolfgang und Walther, sogar kleine Schreibtische in sein Arbeitszimmer stellen ließ, an denen sie ihre Schulaufgaben machen konnten. Von gelegentlicher Unvernunft war aber auch Großvater Goethe nicht frei, so ließ er nämlich die Kinder ab und zu aus seinem Weinglase trinken, das beim Diktieren immer in Reichweite stand. Es schien ihm besonderes Vergnügen zu bereiten, wenn sie nach dem Weingenuß – »ganz fröhlich wurden und das Lernen völlig vergaßen.«

Ottilie von Goethe, die Mutter, »hatte alle Mühe und mußte allerlei Vorwände erfinden, um die Kinder diesem überaus gemütlichen Tun des Großpapas zu entziehen.« Besonders Lieblingsenkel Wölfchen suchte den Apapa, wie sie Goethe nannten, oft schon zum Frühstück heim. Wenn er dann beim Arbeiten zu unruhig wurde, mußte Schreiber John ihn auch schon mal entfernen; meistens kam Wolfgang allerdings zur anderen Tür wieder herein, wenn seine Krokodilstränen den Großvater hinreichend erweicht hatten.

Wolf setzte sich beim Frühstück schon mal auf Goethes Schoß, der ihn »mein kleines Käferchen« nannte, oder stieg ihm gar auf die Schultern.

Goethe ließ es lächelnd gewähren.

Spielgefährten oder Gefährtinnen der Enkel berichten ebenfalls von Goethes Kinderliebe. Die drei Töchter aus dem Hause Melos spielten oft mit den Goethe-Enkeln, und Ida Melos bestätigt, daß Goethe sehr langmütig und liebevoll zu seinen Enkeln war, ja, selbst »wenn ihm das kleine Volk über seinem Haupte zu viel Lärm machte, so schickte er ihnen als einzige Mahnung zur Ruhe eine Schachtel voll köstlicher Frankfurter Süßigkeiten, um welche sie Lotto spielen möchten...« Ida Melos, die spätere Frau des Dichters Ferdinand Freiligrath, erzählt verschmitzt, daß sie oft genug die Bevorzugte war, wenn Goethe den Kindern Süßigkeiten aus seinem Arbeitszimmer zuwarf.

Die Kinder konnten ihn auch beobachten, wie er in seinem langen Hausmantel im Garten stand und ihnen beim Spielen zuschaute.

»Wolfgang«, schreibt Ida, »lief sehr viel ungeniert beim Apapa ein und aus, und ich, als damals unzertrennliche Gefährtin mit ihm; doch nie schien dieser über die Störung ungehalten oder ungeduldig, und immer hatte er ein paar freundliche Worte für uns.«

Ganz so friedlich und idyllisch scheint es allerdings nicht immer zugegangen zu sein. Die Enkel- und Gespielinnenschar, seit 1827 noch verstärkt durch Enkeltöchterchen Alma, lärmte doch wohl gelegentlich gewaltig, besonders die beiden Knaben, wie der Besucher Wilhelm Zahn, der Architekt und Maler, erlebte.

Ein Bekannter von ihm hatte sich beim Besuch in Weimar bis ins Goethe-Haus vorgewagt, aber »... er traf nur zwei Knaben, die Enkel des Dichters, die wild umherrannten und einen großen Lärm trieben.«

Zahn erzählt weiter, daß sich daraufhin plötzlich ein Fenster geöffnet habe und – »Mit Löwenstimme rief er [Goethe] herunter: Wollt ihr Lümmel endlich Ruhe halten! Schrie's und warf klirrend das Fenster zu.« Klar, daß die Knaben sich verzogen, günstigeres Wetter abwarteten.

Ganz anders natürlich zur Weihnachtszeit.

Die Enkel Walther Wolfgang (geb. 1818), Wolfgang Maximilian (geb. 1820) und Nesthäkchen Alma Sedina Henriette Cornelia (geb. 1827) – fein herausgeputzt, mit mütterlichen und väterlichen Ermahnungen versehen, harren der Bescherung beim alles beherrschenden Apapa.

Um diese Zeit ist noch nicht allzuviel zu spüren vom späteren Scheitern der verschrobenen Enkel, von der holden Einfalt des kleinen Enkeltöchterchens, als »allerliebst« von Goethe bezeichnet, und, nicht ohne Großvaterstolz – als »ein echt geborenes Frauenzimmerchen«. Ebenfalls konnte noch keiner den Tod des Vaters ahnen, weniger als nur ein Jahr später.

Goethe liebte es gelegentlich, sich die Idylle herbeizureden. Der Kinderfreund genoß es, von Sohn und Schwiegertochter und von den Enkeln umgeben zu sein, sie beschenken zu können, ihre Freude zu spüren.

Es ist der Weihnachtsabend 1829. Goethe hat sein umfangreiches Tagespensum kaum eingeschränkt; zur Zeit liest er auch wieder »die französischen Tagesblätter«, außerdem ist er mit den Memoiren von Saint-Simon beschäftigt.

Enkel Walther ist mittags bei ihm; abends kommt Gräfin Line, Caroline von Egloffstein, wie ihre Schwester Julie häufig zu Gast im Haus am Frauenplan. Der Vater und die Mutter haben sich um das Schmücken der Weihnachtsbäume gekümmert, die Geschenke zurechtgelegt. Schon Tage vorher sind Geschenke angekommen und Papier von der großherzoglichen Staatskanzlei. Dann ist es endlich soweit; die Kinder werden zur Bescherung gerufen.

Vater und Mutter kommen nach oben, und gemeinsam verlassen sie dann die Mansardenwohnung, ihr »Schiffchen«, gehen hinunter in die großen Räume, wo sonst Gäste empfangen werden, die heute aber nur ihnen gehören.

Aufgeregt sind sie und werden vom Vater ermahnt.

Unten steht der Apapa bereit, in seinem langen Hausmantel, umarmt die Mutter, den Vater, nimmt die Umarmungen der

Enkel entgegen – alle strahlen, alle guten Wünsche werden ausgetauscht, auch Gräfin Line wird von allen herzlich umarmt und geküßt.

Die Erwachsenen beobachten die Kinder – Wolfgang, Walther, das Nesthäkchen Alma, von der Mutter geführt, gerade zwei Jahre ist sie im Oktober geworden.

Lichter brennen an den Bäumen, durch die Zweige sind der Junokopf und das mächtige Haupt Jupiters zu sehen, Engel hängen an den Bäumen – und unter den Bäumen Zuckerwerk und Geschenke.

Goethe strahlt, drückt der Schwiegertochter, dem Sohn und der Gräfin die Hände, nimmt ihre Glückwünsche zum Weihnachtsfest entgegen.

Die Kinder haben alles um sie herum vergessen; sie packen ihre Geschenke aus, fragen, spielen, schauen auf die Mutter, den Vater, den Apapa.

Der blickt nach draußen, spricht mit dem Sohn, der eine große Reise nach Italien plant.

Weimar ist tiefverschneit, Schnee in Hülle und Fülle; beim Freund Zelter in Berlin hat Goethe angefragt wegen neuer Öfen – bitterkalt ist es in diesem Winter.

Die Kinder merken nichts davon, empfinden kaum etwas von den »kalten und kurzen Tagen«, die den Großvater in seiner Arbeit behindern, wie er sagt. Sie spielen immer noch ruhig und friedlich mit ihren Geschenken; der Großvater selbst bekommt von den Eltern eine schöne Majolika-Schüssel überreicht – alle sind zufrieden.

Da murmelt der Apapa plötzlich etwas und eilt zu seinem Arbeitszimmer – er habe doch tatsächlich etwas vergessen, tatsächlich noch etwas vergessen…!

Die Kinder schauen von ihren Spielen auf, fragende Kinderaugen richten sich auf die Mutter, den Vater; der zuckt mit den Schultern, lächelt aber geheimnisvoll.

Der Großvater kommt zurück, hält ein schon geöffnetes Paket in den Händen, aus dem weißes Papier hervorlugt.

Die Kinder springen neugierig auf, eilen zu ihm.

Das sei nun wirklich etwas ganz Besonderes, sagt der Apapa bedeutungsvoll, Freunde aus England hätten es für die Familie, besonders für die Kinder geschickt.

Vorsichtig wird das Papier entfernt, groß ist die Spannung. Eine stabile Schachtel im Paket wird geöffnet – Stück für Stück kommt unter den staunenden Kinderaugen eine »Spielzeugeisenbahn« zum Vorschein, nicht einmal das Wort kennen sie, der Großvater muß es ihnen erklären – ein Modell ist es, eine »Lokomotive mit Tender«, behutsam werden die Wörter nachgesprochen, dann ein »Waggon«, der aussieht wie eine Postkutsche, hergestellt aus bunter Preßpappe, darunter Achsen und kleine Speichenräder aus Zinn – die kleine Alma klatscht vor Aufregung in die Händchen. Walther und Wolf sind

Mehr zum Staunen als zum Spielen,
hatte der Apapa gesagt.

ganz fasziniert von dem eigenartigen Spielzeug, äußerst behutsam gehen sie damit um, erlauben der kleinen Alma nur forschend fragende Blicke, sehen beruhigt ihre Händchen in denen der Mutter. Das habe auf dem Kontinent* noch nie jemand in Wirklichkeit gesehen, sagt der Großvater, da seien die Engländer mal wieder weit voraus!

Aber mehr zum Staunen als zum Spielen, sagt der Apapa dann mit freundlich erhobenem Zeigefinger, nachher stellen wir es hoch, hinter Glas – eine Rarität, um die euch alle Kinder beneiden werden.

Stephenson! sagt er dann zum Vater und zu den anderen, die verständnisvoll nicken.

»Rocket« entziffern Wolf und Walther inzwischen vorne an der Lokomotive – der Vater erklärt es, und weiter hinten am »Postkutschenwagen« steht »Rail Road Company« – ach so, ach so, sagen die Kinder und sind ganz vertieft.

Mehr zum Staunen, als zum Spielen, hatte der Apapa gesagt.

Ein Dampfwagen, erklärt ihnen der Vater jetzt, beugt seinen Lockenkopf zu ihnen herunter, zeigt auf den Schornstein, den Zylinder, spricht vom Kolben und Wasserbehälter, sogar kleine Kohlestückchen für die Befeuerung sind da.

»Rocket«, sagen die Kinder beinahe liebevoll und buchstabieren die untereinander geschriebenen Wörter »Rail Road Company«. Sie lachen über die kleine Alma, die die schwierigen Wörter nachplappert. Vorsichtig tasten die kleinen Finger die Räder ab, kritisch beäugt, daß der eine sich nicht mehr herausnimmt als der andere; sie zählen – zwei, vier, sechs, acht, zehn, zwölf – sind es, vorne sind die größten!

Die Kinder sind begeistert und staunen die kleinen Wagen an. Auf Schienen sollen die »Waggons« laufen, hören sie, natür-

---

* Nur zur Erinnerung: Erst sechs Jahre später (1835) fuhr die erste (deutsche) Eisenbahn von Nürnberg nach Fürth; die Lokomotive, »Der Adler«, war von Stephenson in England gebaut worden, ein Lokomtivführer wurde für alle Fälle gleich mitgeschickt.

Goethe, seinem Schreiber John diktierend

»...mancherley Geräthschaften zu Taschen-spieler-Künsten ...«

lich könne man mehrere Wagen hinter die Lokomotive hängen…!

Auf Schienen, zwei parallel nebeneinander verlegten Eisenschienen…, unabhängig von der Straße.

Aber die beiden Jungen lassen die Erwachsenen reden, die Mutter, den Vater, Gräfin Line und den Apapa – sie lassen sie reden und hören gar nicht mehr zu, die Sensation ist perfekt.

Bald darauf zieht sich der Großvater fast unbemerkt in sein Arbeitszimmer zurück, er hat noch zu arbeiten; später dürfen die Kinder noch einmal zu ihm, um ihm zu danken. Heiter sind sie und ausgelassen, mit geröteten Wangen.

Unter anderen Eintragungen schreibt Goethe noch am Abend in sein Tagebuch:

»Den Kindern ward beschert. Sie kamen, um zu danken, sehr fröhlich.«

Das nächste Jahr brachte große Umstellungen im Hause Goethe. Der Sohn August von Goethe war im Alter von vierzig Jahren in Rom gestorben. Die Kinder hatten den Vater verloren, Goethe den einzigen Sohn, von dem er in Krisenzeiten gesagt hatte: »Mein Sohn – Helfer, Ratgeber, ja einziger haltbarer Punkt in dieser Verwirrung.«

Kein Heiliger, gewiß nicht, aber ein fleißiger, fast pedantischer Beamter, dem Vater gegenüber loyal bis zur Selbstverleugnung.

Weihnachten 1830 – es wäre sein 41. Geburtstag gewesen, statt dessen lag er jetzt in Rom, begraben an der Cestius Pyramide, genau an dem Ort, den der Vater sich selbst einmal als letzte Ruhestätte gewünscht hatte.

Der Tod des Vaters, das bekommen auch die Kinder schon mit, hat den Großvater sehr erschüttert.

Genau einen Monat vor Weihnachten erleidet er einen heftigen Lungenblutsturz, von dem er sich aber erstaunlich schnell erholt. Das Leben geht weiter. Die Kinder müssen etwas Besonderes zu Weihnachten erhalten.

Diesmal sollte es ein Zauberkasten sein, mit dem die Jungen kleine Zauberkunststücke aufführen konnten.

Vorausschauend hatte der Großvater an Marianne von Willemer geschrieben:

»Auf dem Frankfurter Weihnachtsmarkt werden gewiß solche Kästchen zu haben seyn, worin mancherley Geräthschaften zu Taschen-spieler-Künsten mit Anweisung zum Gebrauch beysammen sind. Nun wünschte ein solches, und zwar wie es einem Anfänger, einem Knaben von 12 Jahren genügen könnte, wohlgepackt, baldigst durch die fahrende Post, mit beygelegter, alsogleich zu bezahlender Rechnung zu erhalten.«

Ein Zauberkasten also für die Kinder! – zum Weihnachtsfest des Jahres 1830. Die Freude im Hause Goethe dürfte allerdings sehr gedämpft gewesen sein; das gesamte »Christfest« stand im Zeichen des tragischen Todes in Rom.

August von Goethe in Uniform (1814)

»... BIS DER ENGEL AUF DEM ZUCKERBAUM IN FLAMMEN AUFGING...«

Weihnachten bei Ottilie von Goethe

Weimar 1838

Ottilie als Gralshüterin des Goethe-Nachlasses –
Der »hl. Weihnachtsabend bei Frau v. Goethe« – »O großer
guter Geist Goethe« – Ein Weihnachtsbaum mit
großen Wachskerzen, der kolossale Junokopf dahinter –
Der liebe Eckermann – Die Enkel bedienen –
Ein Geschenk: Goethes Gespräche mit Eckermann –
Goethes Geist war anwesend

»...bis der Engel auf dem Zuckerbaum
in Flammen aufging...«

*B*eim Tode August von Goethes (1830) hatte Adele
Schopenhauer der Freundin Ottilie geschrieben, daß
Deutschland nun auf sie sehe, daß sie sich nun erst recht um
Goethe zu kümmern habe.

Ottilie pflegte den Schwiegervater bis zu seinem Tod; die
Schwierigkeiten und Erbauseinandersetzungen begannen aber
erst jetzt, hinzu kamen Ottilies »Irrungen und Wirrungen«, die
hinlänglich beschrieben worden sind.

Nach dem Tode Goethes fehlte im Haus am Frauenplan,
fehlte in ganz Weimar der zentrale Mittelpunkt.

Ottilie scheint als »Gralshüterin« des Goethe-Nachlasses
überfordert.

Nach verschiedenen Reisen und Kuraufenthalten, nach der
Geburt eines unehelichen Kindes in Wien, kehrt sie 1835 nach
Weimar zurück.

Einer kaum beachteten Quelle verdanken wir einen Bericht
über das Weihnachtsfest des Jahres 1838.

Die Schilderung stammt von dem Bildhauer Franz Woltreck
(1800–1847), der aus Zerbst in Anhalt stammte, seit 1823 in
Rom lebte und 1836 einen Ruf König Ludwigs von Bayern
erhalten hatte, eine Büste für die Walhalla zu modellieren.

Franz Woltreck unternahm von München aus verschiedene
Reisen und war gegen Ende des Jahres 1838 auch in Weimar.
Er fertigte verschiedene Gipsmedaillons an, unter anderem auch
die Portraits von Ottilie und von Eckermann.

Über den Weihnachtsabend, den er auf Einladung Ottilies im
Goethe-Haus verbringt, schreibt er an seinen Freund und

Förderer, den Geheimen Kabinettsrat von Berenhorst nach Dessau:

»Ich habe den hl. Weihnachtsabend hier bei Frau v. Goethe sehr angenehm verlebt, wo ich 3 enorm große Zuckerbäume mit anputzen und die übrigen zum Bescheren bestimmten Sachen mitarrangieren half. Eine so reiche Menge von Geschenken habe ich nie an einem Weihnachtsabend in einem Hause beisammen gesehen. Und wie interessant war es hier! Urgroßmutter, Großmutter, Mutter und die schon erwachsenen Urenkel vereint zu finden! Die Bescherung war in dem klassischen Hause des alten Goethe, und welche liebe Stimmung herrschte! Wie freundlich war man gegen alle Fremde! Engländer, Russen und Deutsche waren da, jeder wurde durch ein für ihn passendes Geschenk von Frau v. Goethe erfreut. Wie herrlich gedacht, daß an diesem Tage jeder Fremde, welcher in Weimar weilt und Goethes Haus kennt, nicht ohne Freude sein sollte, wie schön, o großer guter Geist Goethe, der du so lieblich für alle dachtest! Dank Dir und der Familie, welche solche so treu forthält!

Nachdem die Wachsstöcke von zwei Zuckerbäumen niedergebrannt waren, wurden in Frau von Goethes Wohnstube mehrere kleine Tische zum Souper arrangirt; mich fesselte im langen Saal die schöne Beleuchtung, durch einen Weihnachtsbaum mit großen Wachskerzen, des kolossalen Junokopfes aus der Villa Ludovisi, des großen Kopfes der Minerva aus Velletri und des großen Jupiterkopfes aus dem Vatican. Die Beleuchtung dieser Köpfe war prachtvoll, ich machte den Kanzler v. Müller darauf aufmerksam und führte ihn an der rechten Stelle, wo der kunstliebende Mann meine Freude theilte. Wir blieben im Anschauen dieser hohen edlen antiken Formen, bis der Engel auf dem Zuckerbaum in Flammen aufging, und nun die meisten Lichter ausgelöscht wurden. Die Tische waren arrangirt, die Gesellschaft begann sich zu setzen, ich suchte einen Platz neben dem lieben Eckermann, an demselben Tisch war noch Frl. Seidler, die Malerin, der Baron v. Sternberg und

Johann Peter Eckermann

ein Engländer; an einigen Tischen fehlten die Herren. »Aber wie schwarz sieht der hintere Tisch aus, nichts als Herren«, rief Frau v. Goethe. Es war der unsrige. Wir verhielten uns ganz ruhig, sie kam, dies bemerkend, näher und sagte: »Welche Schande für die Deutschen, stets so ungalant für Damen!« Ich verleugnete in diesem Augenblick Deutscher zu sein, um bei meinem lieben Eckermann bleiben zu können. Allein es half nichts, ich mußte am Ende doch die Ehre der Deutschen retten und setzte mich zu Frau v. Goethe, Frau von Pochwitz. Fräulein Ulrike kam mir zur Seite und brachte Linsen, damit ich das ganze Jahr Geld hätte – bitte sagen Sie doch ja dieses unseren allergnädigsten Herrschaften, damit es mir nimmer fehlt. Wir waren sehr heiter, die jungen Herren v. Goethe machten die Bedienung mit einer Liebenswürdigkeit, die man wohl nicht genug rühmen kann.

Wie die Gesellschaft sich entfernte, half ich Fräulein Ulrike ihren hl. Christ zusammenpacken (welchen ich auch aufgestellt hatte) und ging dann nachhause um Mitternacht. Frau v. Goethe hatte mir vom Weihnachtsmann die Gespräche von Eckermann mit Goethe bescheren lassen, worüber ich große Freude hatte, es ist jetzt meine Lieblingslektüre. Früh und abend, wie viel kann jeder gebildete denkende Mensch daraus lernen. Sollten Sie es nicht kennen, so bitte ich es zu lesen, Sie werden großes Interesse finden.

Bei der großen Weihnachtsbescherung waren keine Rococo-Sachen, ich bezeugte Frau v. Pochwitz meine Freude darüber, worauf sie mir erwiderte: »Sie werden in unserem Hause dergleichen schlechten Geschmack, welcher nachtheilig für die wahre, hohe, edle Kunst ist, nie sehen.«

Schon im nächsten Jahr wurde das Haus am Frauenplan durch Walther von Goethe (im Auftrag der Familie) für Besucher geschlossen. Woltreck hatte also eine der letzten Einladungen wahrgenommen, wenn auch die »Seele des Hauses«, die »Sonne Weimars«, wie Mendelssohn Bartholdy den Dichter genannt hatte, nicht mehr unter ihnen weilte. Goethes Geist war anwesend, das genügte.

»O DU FRÖHLICHE...!«

Eine weihnachtliche Nachlese

»O du fröhliche...!«

Wer denkt beim Stichwort Weimar schon an Weihnachtslieder! Und doch stammt eines der bekanntesten, nämlich »O du fröhliche, o du selige, gnadenbringende Weihnachtszeit!«, aus Weimar, gedichtet 1816 von dem Erzieher, Schriftsteller und Publizisten Johannes Daniel Falk.

Riemer, Goethes Mitarbeiter und Lehrer des Sohnes August, berichtet, daß Falk, inzwischen zum Legationsrat ernannt, in dunkelblauem Frack, mit Pantalons und schwarzbefedertem Dreimaster umherstolzierte, und er muß auf Bällen und Redouten eine Aufmerksamkeit erregende Figur gewesen sein. Seine Beziehung zu Goethe läßt sich als mal näher, mal ferner beschreiben; Falk schoß gelegentlich über das Ziel hinaus, was Goethe verärgerte. Falks Weihnachtslied aber ist heute noch lebendig; gesungen nach einer sizilianischen Volksweise, steht es in den Gesangbüchern, doch kaum jemand bringt es mit Weimar in Verbindung.

Die weitere Nachlese, nach dem biographischen Querschnitt durch Goethes Leben, vom Kind zum Großvater, bringt eine andere Person aus Goethes Nähe in die weihnachtliche Betrachtung – es ist der Archäologe und Altphilologe Karl August Böttiger.

Weihnachten 1796. Goethe hat einige Vertraute um sich versammelt. Gern liest er aus seinen Werken vor, und seine angenehme Stimme wird häufig gerühmt. An diesem Weihnachtsfest also liest er (auch) dem ansonsten gar nicht so sehr geschätzten Karl August Böttiger aus »Hermann und Dorothea« vor – »Warum ist das Städtchen so leer, so öde die Straßen?«

Böttiger ist ganz entzückt. »Man fühlt es«, schreibt er, »daß der Dichter bis auf das Sylbenmaaß selbst, in dem er sich bewegt, Schöpfer war, und seyn *wollte*. Jeder Vers mahlt, und doch ist kein Gedanke an kindische Ziererey: Freilich, um alles zu verstehn, mußte man den göttlichen Rhapsoden sein Gedicht selbst deklamiren hören.«

Und als Krönung fügt der oft kritisierende und lästernde, von Schiller spöttisch als »Meister Ubique« bezeichnete damalige Direktor des Gymnasiums in Weimar hinzu: »Wohl mir, die heutige Weihnachtsfreude war die genußreichste meines Lebens!«

Weihnachtsfreude durch Vorlesen.

Aber fast scheint es, als seien es trotzdem, einmal abgesehen von anderen Feiern und Einladungen, immer nur kurze, »beleuchtete« Augenblicke, weihnachtlich hervorgehoben, in denen der Dichter, etwa zum Vorlesen, zu Gesprächen mit Gästen oder später zur Bescherung der Enkelkinder, sein Arbeitszimmer verläßt. Ansonsten war Weihnachten oft auch nur ein Arbeitstag wie viele andere; die umfangreiche Korrespondenz mußte erledigt werden, Glückwünsche und Einladungen zum Neuen Jahr wurden ausgesprochen, formuliert und verschickt.

Weihnachtstage in Weimar, die oft also auch nach dem Motto »Tages Arbeit, abends Gäste« eben hauptsächlich mit konzentrierter Arbeit verbracht wurden.

Wenn er gut gelaunt ist, liest er vor, der Dichter – oder erzählt gar Gespenstergeschichten zur erheiternden Spannung, schreibt beziehungsweise diktiert Briefe und diskutiert mit Freunden, die bei ihm zu Gast sind, etwa Humboldt und ungezählte andere.

Nicht zu vergessen der unermüdliche Eckermann. Weihnachtliche Ruhe breitet sich um ihn aus. Vermutlich verbringt er viele Festtage in seinem erbärmlichen Zimmer ganz in der Nähe, vollgestopft mit Vögeln aller Art (scheußlich muß es gerochen haben), vergessen vom Dichter, der ja auch bisweilen gedankenlos und nachlässig sein konnte.

1838 ist er dann wieder dabei, der treue Adlatus, sitzt als bestauntes Relikt einer vergangenen Zeit herum; seine »Gespräche mit Goethe« aber avancieren zum »gerne genommenen« Weihnachtsgeschenk.

Aber zurück zum Familienvater Goethe; er ist ein pater familias, der gerne eine große Familie gehabt hätte, für den Weihnachten dann doch wieder etwas Besonderes hat, allein schon des Sohnes und später der Enkel wegen.

Dann leuchtet sie kurz auf, die Weihnachtsfreude, wie die Tagebucheintragung von 1829 zeigt:

»Den Kindern ward beschert. Sie kamen, um zu danken, sehr fröhlich...«

Danach kann Goethe sich getrost wieder in sein Arbeitszimmer zurückziehen, eine Flasche Wein öffnen und sich seinen vielfältigen Gedanken überlassen.

Epilog

*C*hristtag früh. Der Türmer hat sein Lied schon geblasen, ich wachte darüber auf.

Gelobet seyst du Jesu Christ. Ich habe diese Zeit des Jahrs gar lieb, die Lieder, die man singt; und die Kälte, die eingefallen ist macht mich vollends vergnügt.« (Brief an Kestner vom 25. Dez. 1772)

Von einem Lied immerhin war schon die Rede, auch von »etwas Predigt und Gesang«, was sich mühelos für die »andere Seite« ändern ließe, etwa:

Da lebten wir Katholikenkinder
Von reichlich Predigt und Gesang...

Weihnachten und Kirche; wir haben unsere eigenen Erinnerungen. Goethe meinte noch kurz vor seinem Tode zu Eckermann, wenn man die »reine Lehre und die Liebe Christi« begriffen haben werde, werde man »auf ein bißchen so oder so im äußeren Kultus nicht mehr sonderlichen Wert legen«.

Weihnachten – auch ein Fest der Besinnung, der Erinnerungen, aber auch der Freude, der Familie, der Geschenke, des überkonfessionellen Frohsinns.

Goethe hoffte in dem Gespräch mit Eckermann (11. März 1832):

»Auch wir werden alle nach und nach aus einem Christentum des Wortes und Glaubens immer mehr zu einem Christentum der Gesinnung und Tat kommen.«

In diesem Sinne: Frohe Weihnachten!

147

Und ganz zum Schluß noch ein Gruß von Mutter Aja, ihr zugeschrieben, wenn auch nicht in ihrer Handschrift und Orthographie erhalten, ein bedenkenswertes Jahresrezept:

»Man nehme zwölf Monate, putze sie ganz sauber von Bitterkeit, Geiz, Pedanterie und Angst und zerlege jeden Monat in 30 oder 31 Teile, so daß der Vorrat genau für ein Jahr reicht.

Es wird jeder Tag einzeln angerichtet aus einem Teil Arbeit und zwei Teilen Frohsinn und Humor.

Man füge drei gehäufte Eßlöffel Optimismus hinzu, einen Teelöffel Toleranz, ein Körnchen Ironie und eine Prise Takt. Dann wird die Masse sehr reichlich mit Liebe übergossen!

Das fertige Gericht schmücke man mit Sträußchen kleiner Aufmerksamkeiten und serviere es täglich mit Heiterkeit und mit einer guten, erquickenden Tasse Tee...«

ANMERKUNGEN

Prolog

9   Goethes Beitrag zur Gedichtsammlung »Dem Landesvater zum Weih-
    nachten von seinen Kindern. 1822«; sie wurde am 24. Dezember 1822 vom
    viereinhalbjährigen Enkel Carl Alexander dem Großherzog überreicht.
    Anlaß war die Grundsteinlegung zur neuen Bürgerschule (später Carl-
    August-Schule) am 17. November 1822.
    Der Herzog bedankt sich schon am Weihnachtstag für das Gedicht: »Den
    schönsten Danck für den lieben reichen wohllautenden H(eiligen) Christ,
    den mir mein Enckelchen gestern Abend gab.« (Der Großherzog an
    Goethe am 25. Dezember 1822. In: Briefwechsel des Herzogs – Groß-
    herzogs Carl August mit Goethe. Herausgegeben von Hans Wahl. III. Bd.
    1821-1828, (907), Bern 1971, S. 94).
    Carl August schickt Goethe das Bild des befreundeten Grafen Sternberg
    mit; Goethe bedankt sich am zweiten Weihnachtstag dafür (a.a.O., (908),
    S. 94).

»Kinder müssen Komödien haben und Puppen«
Frankfurt am Main 1749-1765

17 »Kinder müssen Komödien haben...« – Goethes Werke. Bd.VIII (»Wilhelm
    Meisters theatralische Sendung«, 1. Buch, 1. Kap.), S. 488 (Hamburger
    Ausgabe, im folgenden kurz HA).
–   »mit allerlei guten Bissen zu erquicken« – HA, Bd. IX (»Dichtung und
    Wahrheit«, Erster Teil, I. Buch), S. 15.
–   »... dem Zustande derselben nach sich zog.« – ebda.
18 »... in einem Nebenzimmer Platz und Raum fanden.« – a.a.O., S. 49.
–   »kunstgemäßen Darstellungen« – a.a.O., S. 50.

Ein Weihnachtsbäumchen für ein Windspiel
Der »Frankfurter Struwwelpeter« und ein lustiges Weihnachtsfest
Leipzig 1765-1768

25 »... zeigte Goethe eine große Lust am Diskurieren.« – G. Parthey (nach
    Marie Körners Erzählung). In: Goethes Gespräche (Auswahl). Heraus-
    gegeben von F. Frhr. von Biedermann. Wiesbaden 1949, S. 19.
–   »... kleine Vignetten für den Verlagsbuchhändler Breitkopf« – ebda. (Marie
    Körner nach einem Bericht von F. Förster)
–   Anna Maria Jacobina Körner, geb. Stock, auch schlicht Marie oder
    »Minna« genannt (1762-1843), Tochter des Leipziger Kupferstechers J. M.

Stock; sie heiratet 1785 den Juristen und Freund Schillers, Christian Gottfried Körner, und sie ist die Mutter von Theodor Körner (1791-1813).

– »... als ob Spatzen darin genistet hätten.« – a.a.O. (Marie Körner), S. 20.

27 »... während wir in Tränen zerflossen.« – a.a.O. (Marie Körner), S. 21.

»Als ich über den Marckt ging ...«
Goethe nach der Rückkehr aus Wetzlar   Frankfurt am Main 1772

31 »... sich nicht verlassen kann.« – Zit. in: Richard Friedenthal: Goethe. Sein Leben und seine Zeit. München 1963, S. 123.

– »... Adieu lieber Kestner ...« – Goethe an Kestner im Dezember 1772. In: ,Weimarer Ausgabe (im folgenden kurz WA), IV, 2, S. 47.

32 »... mit beyden Armen umfasste.« – Goethe an Kestner am 25. Dezember 1772, a.a.O., S. 49.

– »... des Himmels geglänzt hätte ...« – a.a.O., S. 50.

34 »... sich verändert seit der Zeit.« – a.a.O., S. 134.

»Einen heiligen Christ für deine Kinder!«
Weihnachten und »Wilhelm Meister«   Weimar 1777

54 »Wilhelm Meisters theatralische Sendung« ist die erste Fassung von »Wilhelm Meisters Lehrjahren«, begonnen 1777; vgl. HA, Bd. VIII, S. 730; vgl. auch HA, Bd. VII, S. 611 (Anmerkungen).

»Diesmal ist Christus unter Donner und Blitzen geboren worden...«
Goethes Weihnachten in Italien   Rom 1786 und 1787

63 »... der große Erneuerung leidet.« – Goethe an Charlotte von Stein am 20. Dezember 1786. In: Goethes Briefe. Band 2. Herausgegeben von Karl Robert Mandelkow. Hamburg 1964 u. 1968, S. 31ff.

– »... wie auf Kinderschuhe zurück.« – Johann Wolfgang von Goethe: Werke (Reisen). München 1992, S. 184.

– »... in dieser Hauptstadt der Welt angelangt!« – a.a.O. (Brief vom 1. November 1786), S. 162.

64 »... Meßopfer hier keineswegs gefallen.« – Johann Wolfgang Goethe: Sämtliche Werke. Band 11 (»Italienische Reise«, »Tag- und Jahrhefte«). München und Zürich 1977, S. 139.

– »... von der ich lange kein Gefühl hatte«. – a.a.O., S. 146.

– »... an dem wir viel Freude haben.« – a.a.O., S. 157.

– »... auf den entferntesten Bergen gegen Norden.« – a.a.O., S. 162.

65 »... noch das Blöken der Schafe.« – a.a.O., S. 169f.

– »... höherer Kunst und reiner Menschheit.« – a.a.O., S. 170 (Papst Pius VI., 1775–1799).

– »wieder zum Römer eingeweiht.« – Goethe: Werke (Reisen), a.a.O., S. 371.

- »... daß nur meine tätige Kraft einigermaßen fortkomme.« – a.a.O. (Brief vom 1. Dezember 1787), S. 459.
- »... um Mitternacht starkes Wetter.« – a.a.O., S. 461; vgl. auch: Briefwechsel des Herzogs – Großherzogs Carl August mit Goethe, I. Band 1775-1806, a.a.O., S. 108.

»Wenn Du nur schon da wärest, daß ich es Dir alles zeigen könnte!«
Christiane, der barocke Weihnachtsengel   Weimar 1800

77 »... mich mit dem Weihnachten beschäftige ...« – Christiane an Goethe am 13. Dezember 1800. In: Goethes Ehe in Briefen. Der Briefwechsel zwischen Goethe und Christiane Vulpius 1792-1816. Frankfurt am Main und Leipzig 1994, S. 344.
- »ich muß mir aber erst Bänder daran kaufen«. – a.a.O. (Beilage Augusts), S. 344f.
- »... über acht Tage Abends anlangen werde.« – a.a.O. (Goethe an Christiane, nicht abgesandt, Briefkonzept vom 16. Dezember 1800)
- »... ich habe mich sehr gefreut!« – a.a.O. (Christiane an Goethe am 16. und 17. Dezember 1800), S. 345ff.

79 mit Bildern und verschiedenen Szenerien. – Beschreibung nach Walter Röhler: Das Puppentheater im Weimarer Goethehaus. In: Goethe. Viermonatsschrift der Goethe-Gesellschaft. Herausgegeben von Hans Wahl. Dritter Band, 1938, S. xxx.

80 ... wenn auch verspätet – Ein heftiger Katarrh hatte ihn aufgehalten; Anfang des Jahres 1801 hatte Goethe eine schwere Krankheit zu überstehen (hohes Fieber, Krampfhusten, starke Anschwellung um das linke Auge herum).

Johanna Schopenhauer: »Goethe ist ein unbeschreibliches Wesen...«
Weihnachten im Salon   Weimar 1806

83 »... ein sehr angenehmes Leben zu führen«. – Johanna Schopenhauer: Im Wechsel der Zeiten, im Gedränge der Welt. Jugenderinnerungen, Tagebücher, Briefe. München 1986, S. 313 (Brief an Arthur vom 26. Mai 1806).
- »... können wir ihr wohl eine Tasse Tee geben.« – Vgl. Werner Völker: Der Sohn August von Goethe. Frankfurt am Main 1992, S. 151.

87 »So ungefähr muß er aussehen, wenn er dichtet.« – Die zitierten Auszüge aus: Johanna Schopenhauer: Im Wechsel der Zeiten, a.a.O., S. 351ff.

»Da die Christfeyertage heran nahen...«
Mutter Ajas Fürsorge für die Lieben in Weimar   Frankfurt am Main 1807

91 »... vor Ihren Peltzrock sehr schicklich ist«. – Johann Caspar Goethe, Cornelia Goethe, Catharina Elisabeth Goethe: Briefe aus dem Elternhaus.

Herausgegeben von Ernst Beutler. Zürich und Stuttgart 1973, S. 865 (Catharina Elisabeth Goethe an ihren Sohn).

91 »... ich hätte was zu dem großen Talendt beygetragen ...« – a.a.O., S. 866 (Brief vom 6. Oktober 1807).

– »... brav in Bouteillien eingemacht ...« – a.a.O., S. 867.

– »... bald eine bestimte Antwort.« – a.a.O., S. 870 (Brief an Christiane von Goethe vom 21. November 1807).

92 »... ist mir eine große Glückseligkeit.« – a.a.O., S. 872 (Brief an Christiane vom 14. Dezember 1807; Goethes Mutter schreibt irrtümlich »November«).

93 »... vor ihre kleine Geschencke das Porto bezahlen.« – a.a.O., S. 874 (Brief an Christiane vom »25ten December, als am heiligen Christtag« 1807).

»Mit Schellengeklingel und Peitschengeknall«
Weimar 1814

97 »Huro! ging's durch die Gassen! –« Aus: Ottilie von Goethes Nachlaß. Briefe von ihr und an sie, 1806-1822. Nach den Handschriften des Goethe- und Schiller-Archivs herausgegeben von Wolfgang von Oettingen. Weimar 1912, S. 47 (vgl. auch Anm. S. 401).

»Eva, verziehen sei dir...!«
Eine Weihnachtsfeier mit Überraschungen   Jena 1814

103 »... mit Bändern, Kerzen, Obst geschmückten Baum bescheeren.« – S. J. Kollar, 20. Dezember 1814. In: Goethes Gespräche. Zweiter Band. Herausgegeben von F. Frhr. von Biedermann. Leipzig 1909, (1664) S. 289f. (Nicht ganz sicher verbürgte Anekdote; vgl. auch WA I, 5.2, S. 363; Goethe besuchte Lorsbach am 20. Dezember 1814.)

Ein weihnachtliches Geburtstagskind
Charlotte von Stein   Weimar 1814 und 1815

107 »schöngeistigen Minnesänger« – Jochen Klauß: Charlotte von Stein. Die Frau in Goethes Nähe. Zürich 1995, S. 136 (nach Lena Voß: Goethes unsterbliche Freundin. Charlotte von Stein. Eine psychologische Studie an Hand der Quellen. Leipzig 1921).

108 »Gegen soviel schöne Dinge ...« – WA I, 5.2, S. 362 (»Die Beziehung des Gedichtes ist unbekannt«, schreiben die Herausgeber, »weder Tagebücher noch Briefe bieten einen Anhalt.«)

110 »Daß du zugleich ...« – WA I, 4, S. 249 (Die Handschrift weist leichte Unterschiede auf).

– »Poetisch Zuckerbrot zum Fest« – WA I, 2, S. 14.

Und das nicht nur zur Weihnachtszeit...
Essen und Trinken bei Goethe

115 »Ich habe gespeiset...« – aus: »Gewohnt, gethan«, WA I, 1, S. 124.

116 »deren Ingredienzien ich jedem Reisenden empfehle« – Brief Goethes an Christiane vom 28. Juli 1814. In: Goethes Ehe in Briefen. Herausgegeben von Hans Gerhard Gräf. Frankfurt am Main und Leipzig 1994, S. 782ff.

 – »Ein Liebchen...« – WA I, 5.2, S. 362. Auch andere Gedichte (zum Thema Artischocken) überliefert, z. B. an K. P. von Martius (13. September 1824), und »Gegen Früchte aller Arten«, an Frau von Martius (11. August 1831); vgl. Gero von Wilpert: Goethe-Lexikon. Stuttgart 1998, S. 57.

 – »nach italienischer Art zubereitetes stuffato« – Friedrich Förster (24. Juli 1821) nach: Mit Goethe durch das Jahr. Herausgegeben von Effi Biedrzynski. Zürich und München 1979, S. 95.

117 »Gänseleberpastete, Hasen und dergleichen mehr.« – Wilhelm Grimm (13. Dezember 1809), ebda.

 – »... Püree von Wild mit Spiegeleiern.« – Karl von Holtei (5. Mai 1827), a.a.O., S. 95f.

 – »... aus eingemachten Gurken.« – Johann Christian Schuchardt (5. September 1828), a.a.O., S. 99.

118 »... was dem einen nützet, schadet dem andern.« – Goethe zu Eckermann am 11. März 1828. In: Johann Peter Eckermann: Gespräche mit Goethe. Herausgegeben von Fritz Bergemann. Frankfurt am Main 1981, S. 633.

 – »... daß es mich wirklich wunderte.« – Wilhelm von Humboldt: Briefe. München 1952, S. 427f. (Brief an Karoline vom 29. Dez. 1826).

»Sie kamen, um zu danken, sehr fröhlich.«
Großvater und Enkel   Weimar 1829 und 1830

123 Es wird berichtet ... –   Nach A. Frankl. In: Goethes Gespräche (im folgenden kurz GG). Herausgegeben von F. Frhr. von Biedermann. Leipzig 1909, Bd. IV (3138), S. 486.

124 »... um welche sie Lotto spielen möchten ...« – Nach Ida Freiligrath, geb. Melos. In: GG (2137), Bd. II, S. 665f.

 – »... und einen großen Lärm trieben.« – Nach W. Zahn. In: GG (2539), Bd. III, S. 439f.

125 ... weniger als nur ein Jahr später. – August von Goethe (1789–1830), der einzige Sohn des Dichters, starb am 27. Oktober 1830 in Rom. Vgl. Werner Völker: Der Sohn August von Goethe, a.a.O.

131 ... hat den Großvater sehr erschüttert. – Der aufmerksame Leser wird eine Reaktion von Ottilie, der Ehefrau, vermissen; sie war mit ihren Liebhabern beschäftigt – Engländer bevorzugt. Ihre Ehe mit August war längst gescheitert. »Wenn ich mir denke, daß ich August nicht wiedersehen könnte«, hatte sie der Freundin Adele Schopenhauer anvertraut, »so empfinde ich auch nicht die leiseste Bewegung.«

 – »... zu bezahlender Rechnung zu erhalten.« – Brief Goethes an Johann

Jakob und Marianne von Willemer vom 2. Nov. 1830. In: Goethes Briefe. Bd. IV. Herausgegeben von Karl Robert Mandelkow. München 1976, S. 411.

»… bis der Engel auf dem Zuckerbaum in Flammen aufging …«
Weihnachten bei Ottilie von Goethe   Weimar 1838

137 … die hinlänglich beschrieben worden sind. – Weitere Nachrichten über die Familie Goethe vgl. z. B. Ruth Rahmeyer: Ottilie von Goethe. Das Leben einer ungewöhnlichen Frau. Stuttgart 1988.

–   … Bericht über das Weihnachtsfest des Jahres 1838. – Jahrbuch der Goethe-Gesellschaft. Band 15. Herausgegeben von Max Hecker. Weimar 1929, S. 217ff. (Wilhelm van Kempen: Ein Weihnachtsabend bei Ottilie von Goethe).

138 Frl. Seidler – Luise Seidler, Hofmalerin und Aufseherin der Weimarer Gemälde-Sammlung, ein Schützling Goethes. Die Stickerin in Kerstings Gemälde »Stickerin am Fenster« im Weimarer Schloßmuseum trägt ihre Züge. (Anm. W.v.K.)

139 Frau von Pochwitz – Gemeint ist Henriette v. Pogwisch, Ottiliens Mutter. (Anm. W.v.K.)

–   Fräulein Ulrike – Ulrike v. Pogwisch, Ottiliens Schwester. (Anm. W.v.K.)

»O du fröhliche…!«
Eine weihnachtliche Nachlese

143 Zu Falk vgl. Gero von Wilpert: Goethe-Lexikon, a.a.O., S. 298f.; Effi Biedrzynski: Goethes Weimar. Das Lexikon der Personen und Schauplätze. Zürich 1992, S. 85f.

144 »Man fühlt es« – Aus: Karl August Böttiger: Literarische Zustände und Zeitgenossen. Begegnungen und Gespräche im klassischen Weimar. Herausgegeben von Klaus Gerlach und René Sternke. Berlin 1998, S. 86.

Epilog

148 »Man nehme …« – Ein Jahresrezept, Mutter Aja zugeschrieben, wenn auch nicht in ihrer Handschrift erhalten.
»Es gibt bis jetzt keinen sicheren Nachweis, daß der überlieferte ›Rezept-vorschlag für ein ganzes Jahr‹ wirklich von Catharina Elisabeth Goethe stammt.« (Schreiben des Goethe- und Schiller-Archivs, Weimar vom 11.8.1999)

BIBLIOGRAPHIE

Biedrzynski, Effi: Goethes Weimar. Das Lexikon der Personen und Schauplätze. Zürich 1992.

Böttiger, Karl August: Literarische Zustände und Zeitgenossen. Begegnungen und Gespräche im klassischen Weimar. Herausgegeben von Klaus Gerlach und René Sternke. Berlin 1998.

Briefwechsel des Herzogs – Großherzogs Carl August mit Goethe. 3 Bände. Herausgegeben von Hans Wahl. Bern 1971.

Eckermann, Johann Peter: Gespräche mit Goethe. Herausgegeben von Fritz Bergemann. Frankfurt am Main 1981.

Friedenthal, Richard: Goethe. Sein Leben und seine Zeit. München 1963.

Goethe, Johann Caspar, Cornelia Goethe, Catharina Elisabeth Goethe: Briefe aus dem Elternhaus. Herausgegeben von Ernst Beutler. Zürich und Stuttgart 1973.

Goethe, Johann Wolfgang von: Werke. 14 Bände. Herausgegeben von Erich Trunz. München 1986.

Goethe, Johann Wolfgang: Sämtliche Werke. 18 Bände. Herausgegeben von Ernst Beutler. München und Zürich 1977.

Goethes Briefe und Briefe an Goethe. 6 Bände. Herausgegeben von Karl Robert Mandelkow (unter Mitarbeit von Bodo Morawe). Hamburg 1964 und 1968. München 1976.

Goethes Ehe in Briefen. Der Briefwechsel zwischen Goethe und Christiane Vulpius 1792 – 1816. Herausgegeben von Hans Gerhard Gräf. Frankfurt am Main und Leipzig 1994.

Goethes Gespräche. 5 Bände. Herausgegeben von F. Frhr. von Biedermann. Leipzig 1909.

Dass. (Auswahl). Wiesbaden 1949.

Goethes Werke. Herausgegeben im Auftrage der Großherzogin Sophie von Sachsen (Weimarer Ausgabe). Weimar 1887 – 1919.

Kempen, Wilhelm van: Ein Weihnachtsabend bei Ottilie von Goethe. In: Jahrbuch der Goethe-Gesellschaft. Band 15. Herausgegeben von Max Hecker. Weimar 1929.

Klauß, Jochen: Charlotte von Stein. Die Frau in Goethes Nähe. Zürich 1995.

Mit Goethe durch das Jahr. Herausgegeben von Effi Biedrzynski. Zürich und München 1979.

Ottilie von Goethes Nachlaß. Briefe von ihr und an sie, 1806 – 1822. Nach den Handschriften des Goethe- und Schiller-Archivs herausgegeben von Wolfgang von Oettingen. Weimar 1912.

Rahmeyer, Ruth: Ottilie von Goethe. Das Leben einer ungewöhnlichen Frau. Stuttgart 1988.

Röhler, Walter: Das Puppentheater im Weimarer Goethehaus. In: Goethe. Viermonatsschrift der Goethe-Gesellschaft. Herausgegeben von Hans Wahl. Dritter Band, 1938.

Schopenhauer, Johanna: Im Wechsel der Zeiten, im Gedränge der Welt. Jugenderinnerungen, Tagebücher, Briefe. München 1986.

Völker, Werner: Der Sohn August von Goethe. Frankfurt am Main 1992.

Voß, Lena: Goethes unsterbliche Freundin. Charlotte von Stein. Eine psychologische Studie an Hand der Quellen. Leipzig 1921.

Wilpert, Gero von: Goethe-Lexikon. Stuttgart 1998.

BILDNACHWEIS

Seite 8: Berliner Weihnachtsbaum (um 1840), Aquarelle und Scherenschnitte in Goldpapier von Karl August Varnhagen von Ense, Armgart von Arnim, Herman Grimm. Freies Deutsches Hochstift - Frankfurter Goethe-Museum (Foto: Maria Obermaier); *Seite 16:* Goethes Geburtshaus vor dem Umbau. Zeichnung eines unbekannten Künstlers. Freies Deutsches Hochstift - Frankfurter Goethe-Museum (Foto: Ursula Edelmann); *Seite 19:* Die Familie Goethe im Schäferkostüm. Ölgemälde von Hermann Philipp Ludwig Friedrich Junker. Kopie des Gemäldes von Johann Conrad Seekatz (1762). Freies Deutsches Hochstift - Frankfurter Goethe-Museum (Foto: Ursula Edelmann); *Seite 24:* Goethes Leipziger Studentenwohnung. Goethe-Museum Düsseldorf (Foto; Walter Klein); *Seite 26:* Der sechzehnjährige Johann Wolfgang Goethe. Freies Deutsches Hochstift - Frankfurter Goethe-Museum (Foto: Ursula Edelmann); *Seite 28 und 33:* Christkindchesmarkt. Zeichnung von Heinrich Hoffmann. Aus: König Nußknacker und der arme Reinhold (um 1850); *Seite 39:* Goethe in Frankfurt. Kupferstich von Wilhelm von Kaulbach (1862); *Seite 46:* Lotte teilt den Kindern Abendbrot aus. Illustration von Daniel Chodowiecki zu Goethes »Werther«. Freies Deutsches Hochstift - Frankfurter Goethe-Museum; *Seite 55:* Goethes Puppenhaus. Freies Deutsches Hochstift - Frankfurter Goethe-Museum (Foto: Ursula Edelmann); Goethe am Fenster der Wohnung am Corso in Rom. Zeichnung von Johann Heinrich Wilhelm Tischbein (1787). Freies Deutsches Hochstift - Frankfurter Goethe-Museum (Foto: Ursula Edelmann); *Seite 73:* August von Goethe. Kreidezeichnung von Johann Heinrich Lips (vor 1794); *Seite 76:* Christiane Vulpius. Kreidezeichnung von Friedrich Bury (1800); *Seite 82:* Johanna und Adele Schopenhauer. Ölgemälde von Caroline Bardua; *Seite 90:* Catharina Elisabeth Goethe geborene Textor. Gemälde von Georg Oswald May (1776). Freies Deutsches Hochstift - Frankfurter Goethe-Museum (Foto: Ursula Edelmann); *Seite 96:* Eisfahrt auf den Schwansee-Wiesen. Gemälde von Friedrich Preller d. Ä. (1824). Kunstsammlungen zu Weimar (Foto: Foto-Atelier Held); *Seite 99:* Stadtschlittenfahrt am Jakobsplan. Kolorierte Lithographie von einem unbekannten Künstler (undatiert); *Seite 107:* Charlotte von Stein. Stahlstich von G. Wolf; *Seite 109:* »Gegen soviel schöne Dinge«. Goethe-Handschrift (1814). Goethe-Museum Düsseldorf (Foto: Walter Klein); *Seite 111:* »Daß Du zugleich mit dem heiligen Christ«. Goethe-Handschrift (1815). Stiftung Weimarer Klassik, Weimar; *Seite 119:* Johann Wolfgang Goethe.

Ölgemälde von Heinrich Kolbe (undatiert, um 1822-1826). *Seite 127:* Die Eisenbahn der Goethe-Enkel. Stiftung Weimarer Klassik, Weimar (Foto: Wonge Bergmann); *Seite 129:* Goethe in seinem Arbeitszimmer seinem Schreiber John diktierend. Ölgemälde von Johann Joseph Schmeller (1829-1831); *Seite 130:* Zauberkasten. Aus dem Besitz von Goethes Enkeln. Goethe-Museum Düsseldorf Anton-und Katharina Kippenberg-Stiftung. (Foto: Walter Klein); *Seite 133:* August von Goethe. Ölgemälde von Karl Joseph Raabe (1814); *Seite 139:* Johann Peter Eckermann. Zeichnung von Johann Joseph Schmeller (um 1825).

Auf den Zwischentiteln sind als Fond Ausschnitte aus Handzeichnungen von Goethe reproduziert. © Stiftung Weimarer Klassik, Weimar. (Seite 14/15, 22/23, 35/36, 42/43, 51, 60/61, 68/69, 75, 81, 100/101, 105, 112/113, 134/135, 141); Seite 120/121 zeigt als Fond eine Handschrift Goethes. Aus: Goethe und seine Welt. Insel-Verlag, Leipzig 1932